장례 혁명을
꿈꾸다

죽음의 탄생

송길원 지음

상(喪) 당했다고?
'당하기' 전에
꼭 한번 읽어두어야 할
삶의 지혜서

하이패밀리

하나님께만 영광
Deo Gloria

모든 것이 그분에게서 시작하고
그분을 통해서 일어나며
그분에게서 마친다.
영원토록 영광! 영원토록 찬양!
오, 참으로 그러하기를!

— 롬 11:36, TMB

해설: 두 팔 벌려 나를 환대하시는 주님을 그렸다. 동시에 두 손 높이 들고 주님을 찬양하는 나의 모습이 교차된다. 365일의 찬양으로 영광을 노래한다. 영광의 주님이 36.5℃의 사랑으로 나를 꼭 안아주신다. 거기 영원이 있다. 작품의 높이를 3m 65cm로 만든 이유다.
채플의 춤추는 십자가를 향해 있다.

2020년 12월 25일 성탄의 아침에
작가: 심재현
작품 해설: 송길원

수목장 <소풍가는 날>의 입구에 세워진 추모의 탑.
예수님의 형상이 또렷하게 보인다.
작품의 곡면이 그려낸 그림자 예술(shadow art)이다.

Today that you have lived
in vain is tommorrow
that a person who died yesterday
truly wanted to live

네가 헛되이 보낸 오늘은
어제 죽은 이가 그토록 바라던 내일이었다

— 부호와 함께하는 목차 —

PART 1 코로나가 일깨운 죽음!

2015년, 세상을 울렸던 사진 한 장　015

그리고 5년 뒤 찾아온 코로나19　016

1 시간—역사의 변곡점에 서다　020

2 죽음—인생 최고의 스승　026

3 슬픔—공감하는 가슴　032

"괜찮아…, 뛰지 마…, 다쳐…"　033

4 장례식—호모 퓨너럴(Homo Funeral),
장례하는 인간　038

장례, 심장(心臟)이 시킨 일　040

'죽음에 대한 유쾌한 반란', 묵상노트　043

PART 2 장례문화 비평,

1 왜 장례라 부르는가?　055

국가장(國家葬)의 품격　060

2 장례를 망가뜨린 오적(五賊)　064

1. 수의　064

2. 염습과 결박　065

3. 완장과 굴건　068

4. 국화꽃과 조화 전시　069

5. 무시기　071

3 반토막 지팡이를 드는 이유　073

4 국화꽃도 불만이 많다지 않은가?　075

국화꽃의 경제학　081

5 아름다운 퇴장의 상징, 병풍　084

6 완장 욕구　088

7 현대판 힐링 캠프　092

8 신줏단지와 죽살이　095

9 장례는 축제다　098

10 장례는 '이야기'다　101

존 매케인 추모사-오바마　106

4막 3장의 인생?

PART 3

1 아무도 주목하지 않은 통계　116

고종명과 객사　121

2 무덤을 파보니　123

3 수목장의 푸르른 세상　130

1. 추모목에 담긴 이야기들　134

2. 안데르센 공원 묘원 단상　145

4 장후(葬後), 남겨놓아야 할 가장 값진 유산　148

납량 특집—본인 장례식　155

PART 4 기왕이면 대통령의 죽음을 죽자.

1 코로나19가 바꾸어 놓은 장례 풍경　162
2 장례 휴가를 거부하신 주님의 마음을 읽자　166
청란교회 장례 지침　171
임종 세족식(洗足式)을!　174
3 하이패밀리의 첫 장례, '함박웃음'이 되다　176
4 장례식의 키워드: 품위―애도와 치유―환대　182
　1. 다르기만 했던 장례식장 풍경　182
　2. 힐링 캠프가 된 장례식　186
　3. 장례식 마지막 날의 풍광　191
　4. 덕후 가족의 탄생　204
5 장례 손익계산서　209
장례의 장래를 보다　217
6 '맞이한 죽음'의 모델, 조영택 목사님　219
7 추모, 죽음의 탄생　224

PART 5 유쾌한 반란?

1 메멘토 모리 발기문(發起文)　242
2 천년의 장례문화를 바꿀 결정적 계기　245
메멘토모리 출범식의 첫 기도　248
3 엔딩 플래너 시대가 열리다　250
4 종활, 삶의 지혜로 다가오다　252

끄트머리에서 쓰는 머리말　261

죽음의 탄생

'죽음이 죽었다.'고 선언한
이문재 시인의 시(詩)가 내 가슴을 울렸다.

"죽음은 살아 있어야 한다.
죽음이 삶 곁에 살아 있어야 한다.
죽음이 생생하게 살아 있어야
삶이 팽팽해진다.
죽음이 수시로 말을 걸어와야
살아 있음이 온전해 진다."

―이문재, '죽음은 살아있어야 한다' 중에서.

왜 시인은 삶을 살려내야 한다고 하지 않고 죽음을 살려내야 한다고 했을까? 그의 시가 이 책을 쓰게 된 배경이다.
피를 토하듯 쏟아낸 '죽음을 살려내야 한다.'는 부름에 답하고 싶었다.
'죽음의 탄생'

그래, 죽음이 생생해야 삶이 팽팽해지는 것이니…

나는 이 책을 한때 염장이였던 내 어머니와
청소년 시절 지독한 허무주의에서 나를 이끈
이정삼 목사님에게 바친다.

Part 001

코로나가 일깨운 죽음!

2015년, 세상을 울렸던 사진 한 장

아일린 쿠르디 | 뱅크시 촬영

2015년 터키 해변, 주검이 발견된다. 세 살배기 난민이었다. 이름은 아일란 쿠르디. 사람들은 경악했다. 큰 슬픔에 잠겼다. 아일린이 죽기 전에 아빠를 걱정하며 소리쳤단다.
'아빠, 제발 죽지 말아요.'

한때는 고대 문명의 요람으로 손꼽히던 땅 시리아. 메소포타미아 평야를 가로지르는 유프라테스 강과 팔미라 유적 등 수많은 문화유산을 가진 '사막의 진주'였다. 하지만 지금은 2,300만 민족이 난민 신세가 된 슬픔의 땅이 되었다. 내전의 상흔은 깊고 깊다. 정치 불안에 시달리던 사람들이 북아프리카와 아랍 세계를 탈출해 새 삶을 찾아 작은 배에 가득 가득 올라탄 채 죽음의 항해를 한다.

아일린의 주검은 그 상징이다. 아이는 죽어가면서 어떤 기도를 했을까? 죽음이 두렵지는 않았을까? 그는 죽어서 무슨 말을 하고 싶었던 것일까?

아일린의 주검은 이기심의 바다에 침수한 인류애, 사랑, 일상, 가족, 생명을 구조하라는 신(神)의 명령이 아닐까?

그리고 5년 뒤 찾아온 코로나

미국의 신종 코로나바이러스 감염증(코로나19) 관련 사망자 수가 20만 명을 돌파한 것은 지난 9월 23일이었다. 당시 미국 내 코로나19 확진자는 약 689만여 명, 사망자는 약 20만 800명으로 각각 집계됐다. 이는 전 세계 사망자 수(약 97만 명)의 5분의 1에 해당하는 수치다.

CNN에 따르면, 미국의 코로나19 사망자는 6·25전쟁 미군 전사자(3만 3,739명)의 6배에 이른다. 미국이 최근 치른

국기광장

코로나19 희생자가 20만 명을 넘은 미국에서 그들을 추모하는 프로젝트로 국기 광장이 조성됐다. 국기의 숫자는 희생자의 10분의 1인 2만 개다.

5차례의 전쟁(6·25전쟁, 베트남전쟁, 이라크전쟁, 아프가니스탄전쟁, 걸프전쟁) 사망자를 모두 합친 것과 비교해도 두 배가 넘는 수치다. 이를 사망자 수를 기준으로 봤을 때 9·11테러가 66차례 발생하거나 허리케인 카트리나가 109차례 찾아온 것과 비슷한 피해를 준 것으로 봤다.

12월 18일, 미국 코로나 사망자 수는 30만을 넘어선 31만 424명이었다. 제2차 세계대전 때 전사자 29만 1,557명을 넘어선 수치다. 20만을 넘어선 지 3개월여 만에 일어난

일이다. 유럽은 50만 명을 넘었다. 전세계적으로는 확진자 7천 2백만여 명, 사망자는 1백6십만 명을 넘어가고 있다. 어디에서 멈출지 아무도 알 수 없다.

인류사에서 전염병으로 인한 재앙은 여러 번 엄청난 규모로 일어났다. 유럽 인구의 절반이 사망한 14세기의 흑사병이 있었다. 이어 5천만 명이 사망한 1918년의 스페인 독감이 찾아왔다. 그 뿐인가? 100만 명이 죽은 1957년의 아시아 독감이 있었다. 1968년의 홍콩 독감은 800만 명의 목숨을 앗아갔다.

제4차 산업시대로 접어드는 새로운 밀레니엄의 희망에 부풀어 있을 때, 감염병 재난은 또 다시 온 세상을 공포로 몰아넣었다. 2002년의 사스, 2003년의 조류 인플루엔자, 2009년의 신종플루, 2011년의 뇌 먹는 아메바 등으로 이어진 재앙이 우리를 위협했다.

인류의 습관과 역사를 송두리째 바꿀 거라는 믿음은 번번이 깨졌다. 스페인 소설가 하비에르 모로의 지적대로 "인류는 수차례 팬데믹 종식 후 으레 제자리로 돌아오곤 했다." 무엇일까? 더 이상 우리는 '호모 사피엔스(Homo sapiens, 슬기 인간)'라 불리기를 포기한 것일까?

마침 포스트 코로나 시대의 문화를 전망하는 《2020 문화소통포럼》이 열렸다. 프랑스 미래학자 아탈리는 "흑사병 이후 자가 격리된 사람들이 각자 집에서 미식 문화 '테이블 아트'를 만들어냈듯, 전보다 예술적인 행위가 각광받을 것"이라고 했다. 경제학자인 그의 입에서 '예술'이 튀어나올 줄 아무도 상상하지 못했다. 그는 말했다.

"시간, 죽음, 슬픔, 장례식이 포스트 코로나 시대 새로운 문화 콘텐츠 주제가 될 것이다. 인간은 유한하며 죽는다는 새삼스러운 사실을 유행병은 분명히 기억하게 했다. 죽음은 현재 우리의 적(敵)으로 간주된다. 전염병 탓에 가족과 친지의 장례식에 참석하지 못하는 상황까지 닥치면서, 죽음을 뒤로 숨기는 사회가 돼가고 있다. 이때 예술의 역할이 중요해진다. 언제나 예술은 불멸을 지향하는 간절한 몸짓이었고, 삶의 충만을 가능케 하기 때문이다."

시간, 죽음, 슬픔, 장례식?…!!„.?

몸서리쳐지는 통찰이었다.

시간
—역사의 변곡점에 서다

1

·
·

UNFOLD | 전병삼, 300×150cm, Archival pigment ink on French paper, 2020.

서기 1년 1월 1일부터 서기 4000년 12월 31일까지의 모든 요일이 표기된 달력을 한 페이지에 펼쳤다. 내 인생이 여기 점 하나에 불과하다는 것을 알게 되는 순간, 나는 영원을 사모할 수 있을 것인가? 작품이 내게 묻고 있다.

코로나는 모든 시간을 헝클었다. 시계는 멈추어 섰다. 사람들은 시간에 갇혔다. 할 수 있는 일이라고는 끝없는 기다림밖에 없었다. 김지수 기자(조선일보)는 말한다.

"과거와 현재와 미래, 여러 개의 시간대가 충돌하는 바이러스의 시간을 살다 보니, 평범한 우리도 시간의 결에 더욱 민감해졌다. 우리는 그동안 야생의 영역을 침범했고, 온실가스를 무절제하게 배출했고, 밀실에서 광장에서 춤추고 소리치고 기도하고 노래했고, 차별과 혐오를 일삼았다.

그리하여 역병부터 태풍까지, 지구라는 행성의 격렬한 몸부림을 더 큰 인과관계 속에서 온전히 볼 수 있게 되었다. 점점 더 보이지 않던 생명의 사각지대가 보이고, 더 멀리 트인 시야로, 과거와 현재와 미래를 동시에 아우르는 '복안'의 시야도 생기고 있다."

이어 영화《테넷》에서 마침내 전체 시간을 볼 수 있게 된 주인공의 입을 빌려 말한다.

"세상을 새롭게 보게 됐지."

'사시사철'의 한자어는 '四時四철'이다. '철'만 순우리말이다. '철'을 모르는 사람들을 '철부지(철不知)'라 부른다. '철 모르는 인간' '철없는 사람'이라 하면 때를 모르는 사람을 이른다. 나이 먹었다고 철드는 건 아니다. 그래서 나이 값을 못하는 이를 '철딱서니 없는 인간'이라 한다. 사람은 철이 들어 비로소 나이 값을 하게 된다. 역사도 그렇다.

19세기의 시작점은 1800년이 아니었다. 11년 앞선 1789년에 시작되었다. 1789년은 프랑스 대혁명이 일어난 해다. 21세기 밀레니엄(millennium) 역시 1989년에 이미 시작되었다. 복제기술과 인터넷 출현으로 이미 사회적 생리(生理)가 시작된 것이다.

 밀레니엄을 갓 30년 넘기자마자 1세기 만에 찾아들 혁명이 일시에 몰려들었다. 지식정보사회로 특정되는 3차 산업이 4차 산업의 블랙홀로 빠져들고 있다. 인공 지능(AI), 사물 인터넷(IoT), 클라우드 컴퓨팅, 빅데이터, 모바일 등 지능정보기술이 기존 산업과 서비스에 융합된다. 3D 프린팅, 로봇공학, 생명공학, 나노기술 등 여러 분야의 신기술과 결합된다. 사물을 지능화한다. 혁명이다.

 코로나는 역사의 변곡점으로 작용한다.

 히브리인들은 바벨론 포로로 끌려간다. 성전은 파괴되었다. 제사를 드릴 수 없었다. 천지가 무너진 위기 속에서 그들은 대안을 찾는다. '안식일(Shabbat)'과 '회당(Synagogue)'이다. '장소의 종교'에서 '시간의 종교'로 이동한다. 시간을 성화(sanctification)한다. 안식일의 재발견이었다. 그들은 안다. 시간을 정복한 사람만이 장소를 정복할 수 있다는 것을.

 시간을 정복해 사는 길이 있다. 리추얼(ritual)로 반응하는 일이다. 배철현 교수(고전문헌학자)는 '세수(洗手)'를 하루를 시작하는 '의례(儀禮, ritual)'라 부른다.

"우리는 일어나자마자, 어젯밤 죽었던 몸, 정신 그리고 영혼을 일깨우는 의식을 거행한다. 세수하지 않는 날은 오늘이 아니라 어제다. 만일 내가 누구를 만날 일이 없어 하루 종일 집안에서 지낸다 할지라도 세수를 생략하면 나는 그 하루를 새롭게 시작할 수 없다. 세수는 신기하게 단순히 손과 얼굴을 닦는 행위를 넘어, 오늘 하루를 새롭게 살겠다는 결심이다."

세수(洗手)와 세면(洗面)만일까? 서구의 중상류층들은 정장에 리갈(regal) 구두를 신는다. 캐주얼 구두와 다르다. 끈이 있다. 매일 신발 끈을 완전히 풀었다 다시 맨다. 족히 3~4분은 걸린다. 바쁜 시간에 꼭 그렇게까지 해야 할 이유를 물었던 시절이 있었다.

아침이면 발에 맞춰 끈을 조인다. 저녁이 되면 종일 늘어난 신발을 풀어 복구 시킨다. 그래야 신발의 뒤틀림을 방지하고 오래 신을 수 있다. 그들에게 신발은 신체의 일부였다. 하루를 시작하며 신발 끈을 조이는 것으로 마음의 다짐을 했다. 뭔가 각오를 단단히 할 때 머리를 질끈 동여매는 우리와 달리 그들은 발을 조였다. 왜 발에다 각오를 다짐해야 하냐고? 발은 자신의 이력서(履歷書)다. 이를 자세히 들여다보라. '발履, 다닐歷, 기록書'다. 부츠계의 벤츠라 불리는 《레드 윙》의 총괄자 조지 컬리는 말한다. "고흐의 명작

《낡은 구두 한 켤레(1886)》처럼 구두는 인생의 경건함을 압축한 이력서(resume)"라고.

오늘 하루, 나의 이력서를 쓸 발과 더불어 하루를 다짐하는 것은 너무도 자연스럽다. 리추얼은 이렇게 가까이 있다. 저녁시간, 세족식이 있다. 저녁기도도 있다. 그때 시간은 크로노스에서 카이로스의 시간으로 바뀐다.

고대 그리스어에는 '시간'을 의미하는 두 가지 단어가 있다. 하나는 양적인 시간을 의미하는 '크로노스(chronos)'다. 연대기적 시간을 지칭한다. 지구의 자전과 공전에 따라 결정되는 1년과 한 달 그리고 1시간과 1분 1초를 의미한다. 누구에게나 골고루 주어진다. 절대왕정의 군주도 크로노스를 멈출 수 없다. 그러나 어린아이라도 크로노스를 카이로스(kairos)로 만들 수 있다. 하루를 마감하기 위해 무릎을 꿇는다. '결정적인 순간'이란 뜻의 카이로스가 살아나는 순간이다. 작은 불씨 하나가 집을 불태우듯이 순간의 발화점이 인생의 변곡점이 된다.

코로나가 인도하고픈 신천지다.

화장하는 여인

"여자의 얼굴은 매일 자신의 자아를 그림으로 표현하는 캔버스다."
— 파블로 피카소(Pablo Picasso, 1881~1973)

화장대 앞의 자화상, 1909
지나이다 세레브랴코바
(1884~1967, 러시아 화가),
트레티야코프 미술관 소장.

제자리를 찾지 못해 혼돈상태에 있는 '다시 만드는' 행위가 '화장(化粧)'이다. 화장이란 영어 단어 '메이크업(make-up)'이 그런 뜻이다. 그런 화장을 도와주는 제품이 '화장품(化粧品)'이다. '화장품'이란 영어 단어 '코스메틱(cosmetic)'은 밤새 '혼돈'이 된 얼굴에 '질서(cosmos)'를 주는 거룩한 행위다.
— 배철현(고전문헌학자)

죽음
—인생 최고의 스승

2

-
-

해골을 보는 정적인 삶, 1671
필립 드 샹파뉴(1602~1674, 프랑스 화가), 유화, 28.0× 37.0cm,
프랑스 르망 테세 미술관.

"내가 죽을 때(그렇지만 나는 더 이상 죽지 않습니다) 그리고 어떤 사람이 나의 해골을 보았을 때, 내 해골은 여전히 그 사람에게 이렇게 설교할 것입니다. '내게 눈은 없지만 나는 그 분을 봅니다. 비록 내게 입술은 없지만 나는 그분께 입을 맞춥니다. 내게 혀는 없지만 그분의 이름을 부르는 모든 사람과 함께 그분께 찬양의 노래를 드립니다. 나는 딱딱한 해골에 불과하지만 그분의 사랑 안에서 온전히 부드러워지고 녹아졌습니다. 내가 여기 묘지에 누워 비바람을 맞고 있지만, 나는 거기 낙원에 있습니다. 모든 고난은 잊힙니다. 그분이 자신의 십자가를 지고 골고다로 가셨을 때 그분은 크신 사랑으로 우리를 위해 이 일을 하셨습니다.'"

— 19세기 루터교 신학자이자 설교자인 헤르만 콜브루지

고대 로마, 개선장군을 축하하는 의식이 있었다. 장군은 황금왕관을 쓴다. 금으로 수놓은 자줏빛 외투 '토가(toga)'를 걸친다. 네 마리의 말이 끄는 2륜 전차, '콰드리가(quadriga)'에 올라탄다. 로마 시내 개선문을 통과한다. 시가행진이다. 로마 시민들은 승리의 찬사를 보낸다. 장군은 우쭐해진다. 시민들의 함성소리와 함께 장군에게 들려지는 소리가 있다. "메멘토 모리." 전차 뒤편의 노예가 장군의 귀에다 속삭인다. "메멘토 모리, 메멘토 모리," '너무 우쭐대지 마라. 너도 언젠가는 죽는다. 겸손하게 행동하라.'는 뜻이다.

배철현 교수는 이 장면을 놓고 COVID-19시대에 어울리는 문구라 했다. 배 교수의 이야기를 옮겨본다.

"인류는 엄연한 인간의 운명인 죽음과 관련된 불편한 진실을 회피해왔다. 혹은 죽음을 맞이하여 우리가 별로 할 수 있는 일이 없기 때문에 모르는 채 해왔다. 인간의 곰곰이 생각해야할 가장 거룩한 대상이 바로 죽음이다. 나는 언젠가 죽을 수밖에 없고 내가 아는 모든 사람도 죽는다는 사실이다. 철학의 시조 소크라테스는 철학을 '더도 말고 덜도 말고 죽음에 관한 것이다.'라고 정의하였다.

인류가 지금까지 삶의 편리와 쾌락을 통해 '외면의 풍요'를 구축해왔다면, 이제는 COVID-19를 통해 '내면의 성숙'을 수련할 역사적인 시점이다. 우리에겐 죽음이 생각하기도 싫은 터부이다. 그러나 '메멘토 모리'는 누구에게나 공평하게 다가올 죽음을 숙고하고 명상하여 지금 인생을 완벽하고 온전히 살 수 있는 방법을 알려주는 만트라(mantra)*다. 내가 오늘 죽음을 염두에 두고 나에게 맡겨진 임무에 몰입은 나에게 불멸의 자유를 선사하는 행위이기 때문이다. 죽는 방법을 아는 사람은 누구에게 노예가 되지 않는다. '나는 오늘 서서히 죽고 있는가? 나는 오늘 나에게 맡겨진 그 유일무이한 임무를 위해 최선을 경주하는가? 나는

---

* 만트라라는 것은 '사고한다', '숭배한다'를 의미하는 동사의 어근 man에 용구를 의미하는 접미사 tra를 더한 것이다. '그것으로서 사고한다' 또는 '숭배하는 것'의 의미를 지닌다.

내 인생이라는 책의 마지막을 어떻게 장식할 것인가?'"

역사의 물줄기를 거슬러 가보자. 1300년에서 1683년까지 소아시아의 미미했던 소공국(小公國) 오스만(Osman)은 거대한 영토를 가진 제국이 되었다. 영토는 아라비아 반도, 남방의 나일 강 상류, 페르시아 만 인접 바스라, 동방의 이란 고원, 서방의 지브롤터 부근, 북쪽으로는 우크라이나 초원과 비엔나의 성채까지 뻗어나갔다. 오스만의 영토 확장은 그 영역이 흑해, 에게 해, 지중해, 카스피 해, 홍해에 이르는 거대한 제국이 되었을 때 비로소 끝났다(최성권, 『중동의 재조명』, 한울아카데미).

앙카라의 투르크 족장 오스만(Osman) I세(1281~1324)의 이름을 따서 지었다는 오스만 제국(The Osman Turk Empire)의 힘은 도대체 어디서 나온 것일까? 그 힘이 총, 칼이 아닌 의상(衣裳), 터번에 있었다고 하면 믿기라도 할까?

전쟁이 잦았던 시절, 그들은 언제 죽을지 모를 자신을 위해 터번을 감았다. 적어도 자신에 대한 배려였고 예의였다. 그래서 터번의 크기는 계급과 신분에 따라 모양과 크기가 달라진 게 아니라 오로지 자신의 몸통의 크기에 비례했다. 집을 나서며 터번을 두르고 집에 들어와 잠자리에 들기 전 터번을 풀었다. 터번을 메고 풀며 그들은 무슨 생각을 제일 많이 했을까?

  메소포타미아 문명과 페르시아, 로마의 문물로 번성했던 역사를 지닌 땅보다는 아일란 쿠르디의 고향으로 더 많이 기억될 시리아는 5년 전부터 시작된 피의 내전으로 2011년 이후 사망자가 22만 명을 넘었다. 절반 이상이 민간인이었다. 그렇게 생긴 난민이 1,160여 만 명. 전체 인구 2,300만 명의 절반이다. 이 가운데 400여 만 명은 국경을 넘어 이웃 나라로 떠났다. 1945년 독립 후 희망에 들떴으나 한순간에 꺾이고 말았다.

  또 다시 묻게 된다. 그들은 터번의 의미를 알고나 있었을까? 자기가 입고 있는 군복이 수의(壽衣)라는 것조차 모르는 개념 없는 군인들이 생각나서다. 사람들은 대부분 죽고 나면 수의를 입는다. 그리고 묘비를 세운다. 하지만 군인에게는 군복이 곧 수의다. 매일 죽음을 걸치고 사는 셈이다. 거기다 목에 걸려 있는 군번줄(인식표)은 곧 묘비가 된다. 묘비를 몸에 지니고 다니는 사람은 군인밖에 없다.

  죽음을 아는 사람만이 살아있다. 그때 삶은 예술이 된다.

눈부신 꽃들은 겨울 뒤에 피어난다.
순수한 기쁨은 슬픔 뒤에 걸어온다.

슬픔
― 공감하는 가슴

3

•
•

다음의 이야기는 한동안 인터넷에 크게 회자되었다. SBS에 이 음식점이 소개가 된 일이 있다. 한 중년의 남자가 전화를 걸어와 이야기가 퍼졌다. 많은 목회자들의 강단 예화로 인용되기도 했다. 함영준《마음건강 길》 대표가 스토리를 깔끔하게 정리했다.

"괜찮아…, 뛰지 마…, 다쳐…"

　IMF 위기가 터진 1997년 겨울 모든 것을 잃은 사내가 있었다. 꽤 잘 나가던 중소기업인이었으나 연쇄 부도를 맞는 바람에 회사도, 집도 다 잃었다. 이제 주변에는 아무도 없다. 회사 간부도, 종업원도 떠났다. 그리고 사랑하던 처자식마저도 그를 버렸다.
　그해 겨울은 유난히 추웠다. 갈 곳이 없어 처음에는 가까운 친지 집을 전전했다. 그러나 하루 이틀 이상 지낼 수 없었다. 어느 친구 집에선 아예 문전박대를 당했다. 여인숙에서 며칠 지내다 결국 길거리로 나왔다.
　'아 인생이란 이렇게 하루아침에 무너질 수 있는 것이구나.…'
　쓰라린 자각이었다. 용산역에 가니 비슷한 처지 사람들로 북적거렸다. IMF 위기 여파라고 한다. 여기도 아귀다툼이었다. 그는 번번이 무료 배식 순서를 빼앗겨 끼니를 걸러야 했다. 굶주림에 지친 그는 동냥에 나섰다. 행인들은 외면했다. 어쩌다 동전 몇 푼을 얻어 친지들에게 전화를 걸었으나 상대방은 곧바로 전화를 끊었다.
　이제 그는 서서히 악을 품기 시작했다. 이렇게 비참한 삶, 매정한 세상에서 더 이상 살고 싶지 않았다. 그 날은 의외로 빨리 왔다. 영하 15℃가 넘는 한파가 몰아치던 날 아침, 추위와 허기에 지친 그는 역 주변 식당 문을 두드렸다.

"너무 배고파요…, 찬밥이라도 한술 주세요.…"

그러나 그를 본 주인 남자는 '아침 개시부터 재수 없게시리…, 꺼져!'라는 고함소리와 함께 밥 대신 물을 끼얹었다. 다음 집도, 또 그 다음 집도… 마치 약속이나 한 듯 물을 끼얹었다. 그 엄동설한에 옷에 묻은 물은 곧 고드름으로 변했다.

드디어 그의 눈에 핏발이 솟고 가슴은 분노로 주체할 수 없었다.

"에잇! 이 개 같은 세상. 다 불 질러 죽여 버리고 나도 죽자!"

그는 주변 상가를 다 불바다로 만들겠다고 마음먹었다. 석유나 신나를 구하기 위해 두리번거리는 순간 허름한 국수집이 눈에 들어왔다. 주인아주머니가 큰 솥에서 김이 모락모락 나는 국수를 건져 올리고 있었다. 참으로 먹음직스럽게 보였다. 3일간이나 굶은 그는 무작정 국수집에 뛰어들어갔다. 안 주면 주인 목을 졸라서라도 빼앗아 먹어야겠다고 생각했다.

그러나 식당 주인아주머니는 아무 말 없이 듬뿍 담은 한 그릇을 가져왔다. 게걸스럽게 먹어 치운 그가 한 그릇을 더 청하자 아주머니는 아까보다 더 많이 담아 가져다 주었다. 실로 오랜 만에 포만감이 들었다. 덜컥 미안한 생각이 들었다. 줄 돈이 없기 때문이다.

'그러나 할 수 없다.' 그는 문을 열고 줄행랑을 쳤다. 차도를 가로질러 냅다 뛰고 있는데 아주머니의 고함소리가 귓전을 때렸다.

"괜찮아…, 뛰지 마…, 다쳐…."

순간 그는 귀를 의심했다. 그것은 어머니의 목소리였다. 힐끗 뒤를 돌아보니 식당 아주머니가 도로변까지 나와 안쓰럽게 이쪽을 바라보며 잘 가라고 손을 흔들고 있었다. 밥값도 안내고 도망가는 '나쁜 놈'이라고 소리쳐야 정상일 텐데 도리어 자신을 염려해주는 아주머니…!!. 그의 마음속에 뜨거운 무엇이 치밀어 올랐다.

아주머니의 세 마디 외침과 함께 손을 흔드는 마지막 모습을 보고 그는 악마에서 인간으로 다시 돌아왔다. 그리고 삶의 의지를 찾았다. 어찌어찌해 중남미(파라과이)까지 가서 사업가(김영석)로 다시 재기해 한국에 돌아왔다.

공감하는 말 한마디가 세상을 바꾼다.

괜찮아

태어나 두 달이 되었을 때
아이는 저녁마다 울었다
배고파서도 아니고 어디가
아파서도 아니고
아무 이유도 없이
해질녘부터 밤까지
꼬박 세 시간

거품 같은 아이가 꺼져버릴까봐
나는 두 팔로 껴안고
집안을 수없이 돌며 물었다
왜 그래.
왜 그래.
왜 그래.
내 눈물이 떨어져
아이의 눈물에 섞이기도 했다

그러던 어느 날
문득 말해봤다
누가 가르쳐준 것도 아닌데
괜찮아.
괜찮아.

이제 괜찮아.

거짓말처럼
아이의 울음이 그치진 않았지만
누그러진 건 오히려
내 울음이었지만, 다만
우연의 일치였겠지만
며칠 뒤부터
아이는 저녁 울음을 멈췄다

서른 넘어서야
그렇게 알았다
내 안의 당신이 흐느낄 때
어떻게 해야 하는지
울부짖는 아이의 얼굴을 들여다보듯
짜디짠 거품 같은 눈물을 향해
괜찮아

왜 그래,가 아니라
괜찮아.
이제
괜찮아.

―한강(시인, 소설가)

장례식
―호모 퓨너럴(Homo Funeral), 장례하는 인간

4

·
·

상리스의 장례 Burial in Senlis, 1913, 프랑스
닐스 다델(Nils von Dardel, 1888~1943, 스웨덴 화가), 64×91cm,
말뫼 현대미술관(Moderna Museet-Malmö).

사람은 동물이다. 그러나 동물이 사람은 아니다. 사람과 동물을 구별 짓는 기준이 있다. 동물은 음식을 입으로 가져가는 사람과 달리 입을 음식으로 가져간다. 게걸스럽게 먹는다는 말은 동물스럽다는 이야기가 된다. 더구나 밥상을 차리는 동물이 인간 외에 더 있는가?

동물과 사람을 구분 짓는 학명(學名)이 '호모 사피엔스(Homo sapiens)'다. '사람'을 의미하는 속명(屬名) 호모(Homo)와 '지혜로움'을 일컫는 종명(種名) 사피엔스(sapiens)가 합쳐져 '슬기 인간'이 된다. 그렇다고 모든 사람이 다 슬기로울까? 그렇지 못한 사람도 많다. 그런 이들을 일러 '호모 이그노란스(Homo Ignorans)'라 한다. '무지 인간'이다.

무릇 인간이 인간다우려면 동물과 다른 속성을 지닐 때다. 그 대표적인 속성 중에 하나가 죽음에 대한 태도다. 인간은 죽음을 성찰할 줄 안다. 때문에 인간은 호모 사피엔스이기 전에 '호모 릴리기오수스(Homo Religiosus)'였다. '종교 인간'이다. 호모 릴리기오수스는 장례를 치르면서 생애 마지막 신앙을 고백한다. 장례 속에 그의 세계관이 있다. 내세관이 드러난다. 다음 세대를 향한 축복이 있다. 장례가 가벼울 수 없는 이유다. 장례를 통해 인간은 끊임없이 자신이 인간임을 확인하고 또 확인한다. 장례의 품격이 곧 그가 된다. 모든 인간의 삶은 장례로 완성된다.

장례, 심장(心臟)이 시킨 일

미국 스프링그로브 묘지에서 한국전쟁 참전용사 헤즈키아 퍼킨스 씨의 장례식 장면.(CNN)

　6 · 25에 참전했던 헤즈키아 퍼킨스(90세) 씨는 말년을 요양원에서 보냈다. 찾아오는 이도 없는 쓸쓸한 죽음을 맞이했다. 하지만 신시내티의 스프링 그로브 묘지에서 열린 그의 장례식은 수천 명의 조문객으로 붐볐다. 생전에 일면식도 없던 사람들이 마지막 순간을 함께 했다.

　무슨 일이 있었던 것일까? 멀리 떨어진 곳에 사는 그의 딸은 건강상 문제로 장례식에 참석할 수 없었다. 그로브 묘지 측은 페이스북에 이 소식을 알렸다. 소식은 삽시간에 퍼져나갔다. 지역 방송도 이를 알렸다.

날이 밝자 전쟁에 참전했던 퇴역 군인들이 몰려들었다. 장례는 가족장이 아닌 '군장(Military Honors)'으로 치러졌다. 제복차림으로 참여한 퇴역 군인들이 '상여꾼(pallbearer)'을 맡았다. 오토바이 수십 대가 앞장서 호위했다. 이어 고급 리무진이 퍼킨스 씨를 태우고 장지를 향했다. 지역 바이올리니스트와 백파이프 연주자들이 '어메이징 그레이스'를 연주했다. 함께했던 켄터키 주에 있는 육군 부대 '포트 녹스' 소속 군인들에 의해 국기의식(flag holding)이 행해졌다. 관 위에 덮여있던 성조기를 고이 접어 가족을 대신한 의전 담당자에게 전달했다. 퍼킨스 씨의 딸은 아버지의 장례식이 진행되는 모습을 실시간 영상통화로 지켜보며 한없이 눈물을 흘렸다.

이 감동의 드라마는 대체 누가 기획한 것일까?

케빈 모니스 씨가 말했다. "내 심장이 나에게 나라를 위해 봉사했다가 떠나는 이 사람의 마지막을 지켜보라고 해서 왔다."

어떤 사람들은 수백 마일 떨어진 곳에서 한걸음에 달려왔다. 베트남전부터 이라크전까지 참전도 제각기였다. 하지만 자유와 생명을 지키기 위해 싸웠던 그들은 죽음 앞에서 모두 하나였다. 죽음 앞에 큰 죽음, 작은 죽음이 따로 있지 않았다. 죽음이 사람들을 차별하지 않고 찾아오듯 그들은 장례를 차별하지 않았다. 장례는 국장(國葬)과 견주어 뒤

떨어지지 않는 품격을 유지했다.
　장례는 아름다웠다. 퍼킨슨은 혼자가 아니라는 사실에 평화롭게 잠들었고 사람들은 서로들의 모습에서 산다는 것의 의미를 알고 자랑스러웠다.
　그들 모두가 '호모 퓨너럴(Homo Funeral)'이었다.

헤즈키아 퍼킨스(90세)의 관을 함께 옮기는 장면. 시민 수천 명이 이날 그의 장례식에 참석해 조의를 표했다. (NBC)

안 읽어도 괜찮을…
그러나 읽으면 참 좋을 페이지

'죽음에 대한 유쾌한 반란', 묵상노트

빌라도는 예수에 대하여 사형을 언도한다. 죄패를 쓴다. "나사렛 예수 유대인의 왕."(요 19:19)

반란죄를 뒤집어쓰고 십자가에 못 박힌다. 헬라인들에게 신(神)은 불변하는 분이다. 시간 속에 갇힐 수 없다. 고통을 느껴서도 안 된다. 무엇보다 죽을 수 없는 존재다. 유대인들에게도 마찬가지였다. 신(神)은 감히 이름조차 부를 수 없는 존재다. 그런 그들에게 예수의 십자가의 죽음은 그 자체로 혁명이었다.

그들에게 신은 재난과 질병을 가져다준다. 공포심의 대상이고 두려움의 대상이다. 비극과 형벌에서 벗어나게 해 달라고 빌어야 한다. 그러나 십자가에 달리신 예수는 전혀 달랐다. 오히려 저들의 죄를 용서해 달라고 한다. 자기의 죄를 참회하고 메시아를 인정하는 한 강도에게 '죽음 너머' 소망을 주신다. '낙원'을 약속해 주신다. 넘치는 위로가 있다. 어떻게 이럴 수 있는가?

한마디로 십자가의 혁명이었다. 힘과 권력이 아닌 사랑의 문법으로 새 나라가 세워지고 있었다.

요한복음 11장은 바로 자신의 죽음에 대한 예고편이었던 것일까? 인간사, 상식을 깨는 예수의 '유쾌한 반란'이 드라마틱하게 펼쳐진다. 흥미롭다 못해 전율하게 만든다. 이 자크 아탈리가 말했던 네 가지 키워드, '시간' '죽음' '슬픔' '장례식'이 있다.

나사로의 부활 The Raising of Lazarus, 1517년경
루치아니 세바스티아노(Luciani Sebastiano, 1485~1547, 이탈리아 화가), 캔버스에 유채, 381×289.6cm, 런던 내셔널 갤러리.

\# 예수가 특별히 사랑했던 가족이 있었다. 나사로의 가정이었다. 누이들이 있었다. 마르다와 마리아다. 어느 날, 오라비 나사로가 병들었다. 긴급히 상황을 알렸다. 시간은 촉박했다.

소식을 전해들은 예수의 반응이 놀랍다.

'병들었다 함을 들으시고 그 계시던 곳에 이틀을 더 유하시고'(요 6)

첫 번째 반란이었다. 우리는 늘 이 부분과 싸운다. 내가 원하는 시간에 그 분이 모든 것을 해결해 주기를 바란다. 시간의 충돌이다. 그리고 우리는 너무 쉽게 예수를 배반한다. 가룟 유다가 된다. 예수는 내 때에 맞는 나의 심부름꾼이어야 한다.

나는 언제 주님의 때를 알고 거기에 무릎을 꿇을 수 있을까?

"내 원대로 마시옵고 아버지의 원대로 하옵소서 하시고"(마태복음 26:42)

기도는 하나님께 예외를 구하는 것이 아니다. 기도는, 하나님의 법을 지킬 수 있는 힘을 요청하는 것이다.

그때… 나도 내 생애 유쾌한 반란을 꾀할 수 있다.

\# 예수는 사랑하는 자, 나사로를 찾아간다. 이미 나사로는 죽었다. 제자들은 오해한다. 죽음을 죽음으로 받아들이지

못한다.

"삶의 가장 큰 상실은 죽음이 아니다. 가장 큰 상실은 우리가 살아 있는 동안 우리 안에서 어떤 것이 죽어 버리는 것이다."
—『인생 수업』중에서.

죽음 수업을 하러 떠나야 한다. 현장실습이 진행된다.

죽음은 한 가지만이 아니다. 여러 죽음이 있다. 경제의 죽음, 관계의 죽음, 정신의 죽음… 생각의 죽음이 있다.

예수는 선언한다.

"죽었느니라."(요한복음 11:14)

간결하다. 주저함이 없다. 이 말을 알아듣지 못한 디두모가 나선다. '우리도 주와 함께 죽으러 가자.' 죽음이 이렇게 값쌀 수 있을까? 예수는 제자들의 잘못된 사생관에 똥침을 놓는다. 두 번째 유쾌한 반란이다.

황현산은 『밤이 스승이다』에서 말한다.

"도시 사람들은 자연을 그리워한다. 그러나 자연보다 더 두려워하는 것도 없다. 도시민들은 늘 '자연산'을 구하지만 벌레 먹은 소채에 손을 내밀지는 않는다. 자연에는 삶과 함께 죽음이 깃들어 있다. 도시민들은 그 죽음을 견디지 못한다. 사람들은 자신들의 거처에서 죽음의 그림자를 철저하게 막아내려 한다. 그러나 죽음을 끌어안지 않는 삶은 없기에, 죽음을 막다보면 결과적으로 삶까지도 막아버린다. 죽음을 견디지 못하는 곳에는 죽음만 남는다. … 살아 있는 삶, 다시 말해서 죽음이 함께 깃들어 있는 삶을 고르기 위해서는 용기가 필요하다."

어쩌면 내 삶의 유쾌한 반란은 벌레 먹은 소채에 손을 내미는 일에서 시작되는 것 아닐까?

"그가 우는 것과 또 함께 온 유대인들이 우는 것을 보시고"(요한복음 11:33)

"예수께서 눈물을 흘리시더라."(요한복음 11:35)

또 한 번 예수의 유쾌한 반란이 있다. 예수는 감정 없는 사람들을 심하게 나무라셨다.

"이 세대를 무엇에 비길까? 마치 아이들이 장터에 앉아서, 다른 아이들에게 이렇게 말하는 것과 같다. 우리가 너희에게 피리를 불어도 너희는 춤을 추지 않았고, 우리가 곡을 해도, 너희는 울지 않았다."(마 11:16~17, cf.19, 25-30)

주님은 소리치기도 하셨고 차분하게 이르시기도 했다. 어떤 때는 기뻐 흐뭇해 미소 짓기도 하셨다. 그런 주님이 지금은 울고 계신다.

"이에 예수께서 '다시 속으로 비통히* 여기시며' 무덤에 가시니 무덤이 굴이라."(요 11:38~44)

NIV 성경이 제대로 번역했다. 원어를 보면 달라진다. '비통히 여기시며'로 옮겨진 헬라어 단어는 '화가 나서 울부

짖다.'라는 뜻이다. 본문에서 예수님은 완전히 격노하신다. 격분하여 울부짖고 으르렁거리신다. 누구에게 화가 나셨을까? 유가족에게? 아니다.

토머스(Dylan Thomas)의 말이 옳았다.

"죽음의 밤으로 순순히 들어가지 말라. 꺼져 가는 빛에 맞서 격노하고 격노하라."

예수님은 죽음에 맞서 격노하신다. 그 분은 "죽음에 익숙해지라. 누구나 다 죽는 게 세상 이치니 체념하라."고 하지 않으신다. 그분은 인간 최대의 악몽-생명과 사랑하는 이들과 사랑의 상실-을 똑바로 쳐다보며 분개하신다. 악과 고난에 노하신다.

―팀 켈러(Redeemer Presbyterian Church 설립목사), 『인생질문』 중.

톰 라이트가 말했다.

"지금 세상이 울고 있다. 교회의 첫 부르심, 무엇보다도 가장 중요한 부르심은 우는 사람들 사이에 겸허히 자리하는 것이다."

고백한다.

"당신의 슬픔을 보듬을 수 있다면 좋겠습니다. 해가 지면 버거운 삶도 저물까요?

절망은 답이 없습니다. 밤의 대지는 깊이 품어두었던 빛을 투사하기 시작합니다. 어둠 너머 아름다움을 찾는 눈. 어둠 속에서 빛을 보는 눈. 내 무딘 일상이 당신의 뒤척이는 날을 품을 수 있을까요?

슬픔은 살아갈 힘이 될까요?"

—백상현의 『길을 잃어도 당신이었다』 중에서.

(당신의 슬픔이 나의 슬픔입니다. 당신이 느끼는 절망이 나의 절망입니다. 그래서 당신의 슬픔, 당신의 절망을 내 가슴에 품습니다. 놀랍게도 조금씩 빛이 보이기 시작합니다. 우리가 하나임을 느끼는 순간 슬픔이 기쁨으로, 절망이 희망으로 바뀝니다. 살아갈 힘이 생깁니다. 당신의 존재 때문입니다.)

나의 슬픔이 누군가에 살아갈 힘이 되는 그 날, 나의 유쾌한 반란도 성공한 것이 아닌가?

마지막의 반란은 장례식장이다.

수수께끼.

"죽었다 깨어나도 못하는 것?"

답. '죽었다 깨어나는 것'. 그런데 주님은 '죽었다 깨어나도 못하는 그 어마어마한 일'을 연출하고 계신다. 무얼까? 부활에 대한 리허설이다. 성경이 이토록 흥미롭다니…

결과: 유대인들이 그를 믿었으나…

기독교를 '신비의 종교'라 한다. 그런데도 '신비'란 단어는 찾아볼 수 없다. 번역의 오류가 있다. '신비'를 죄다 '비밀'로 번역해 버린 탓이다.

'비밀(secret)'은 털어놓는 순간 모든 이가 다 알게 된다. 사실이 된다. '신비(mystery)'는 털어놨음에도 아는 사람만 알게 된다. 한마디로 '아리까리'다.('알쏭달쏭'하다는 뜻의 전라도 사투리. 유사어로 '까리까리'는 북한말. 아리송한 것을 말한다.)

분간이 안 된다. 못 알아본다. 깨닫지 못한다. 여전히 무지 속에 갇혀 있다. 헬라어 무스테리온(μυστήριον)을 영어로 미스테리(Mystery), 신비라 한다.

"이 비밀(mystery)은 만세와 만대로부터 감추어졌던 것인데 이제는 그의 성도들에게 나타났고 하나님이 그들로 하여금 이 비밀(mystery)의 영광이 이방인 가운데 얼마나 풍성한지를 알게 하려 하심이라. 이 비밀(mystery)은 너희 안에 계신 그리스도시니 곧 영광의 소망이니라."(골 1:26~27).

그렇다. 복음은 비밀이 아니라 신비에 속한 것이다. '누구나' 예수님을 믿을 수 있다. 하지만 '아무나' 예수님을 믿을 수 있는 것은 아니다. 영화《버킷 리스트》에서 카터가 에드워드에게 '자네 인생의 기쁨을 찾아가게.' 라며 보낸 편지글에 이런 대목이 나온다. "'아무나'가 아니라고 하고 싶겠지. 그래 맞네. 확실히 자넨 '아무나'가 아니네."

복음이 선포되었다. 누구든 그 기쁜 소리를 듣는다. 하지만 아무나 믿는 것은 아니다. '하나님께로 난 자' 곧 그 뜻대로 '부르심을 입은 자'만이 알고 받아들일 수 있다. 그래서 신비라 한다.

창조가 신비다. 성육신이 신비다. 구원이 신비다. 그 분의 부활이 신비다.

요한계시록은 추리소설이 아니다. 더더구나 탐정소설은 더더욱 아니다. 그리스도인들을 향한 하나님의 한없는 소망과 위로다. 종말시간표가 아니라 최고의 복음을 담고 있다. 요한계시록은 하나님 나라가 완성된 통치를 보여준다. 어린양의 보좌로 상징된다.

모든 것이 신비다. 요한계시록의 약속을 받아들이는 것이 신비 중에 신비다. 하늘의 비밀을 알게 된 자들은 기죽지 않는다. 당당하다. 어둠의 세력도 두렵지 않다. 우리는 말할 수 있다. '이제는 어깨를 펴라. 이단들에 속지 마라. 겁먹지 마라. 하나님이 이미 이기셨다.'

유쾌한 반란자의 삶이 이미 시작되었다.

> * 가톨릭 성경: '다시 속이 북받치시어'
> 현대인의 성경: '다시 탄식하시며'
> 쉬운 성경: '몹시 아픈 마음으로'
> 더 메시지 바이블: '다시 분노가 북받쳐 올랐다.'

Part 002

장례문화 비평,

왜 장례라 부르는가?

1

•
•

국민소득 1만 불까지는 '성실'이다. 2만 불까지는 '기술'이고 3만 불까지는 '문화'다. 4만 불부터는 '품격'이다. 품격은 '의례(儀禮, ritual)'로 표현된다.

프랑스 귀족 라파예트 후작이 군복 차림의 조지 워싱턴과 그의 사저 마운트버넌에서 만나 악수하고 있다. 두 사람은 첫 만남부터 의기투합했고, 둘의 우정은 미국이 프랑스 도움을 받아 영국을 상대로 한 독립전쟁에서 승리하는 데 결정적으로 기여했다. 제니 오거스타 브라운스콤 作(미국 라파예트 대학 소장). /위키피디아

물고기 잡는 베드로 앞에 부활하신 예수님이 바닷가에 나타나셨다.

"예수께서 사랑하시는 그 제자가 베드로에게 이르되 '주님이시라' 하니 시몬 베드로가 벗고 있다가 주님이라 하는 말을 듣고 겉옷을 두른 후에 바다로 뛰어내리더라."(요 21:7) 바다에 뛰어내리려면 입었던 옷도 벗을 일인데 겉옷을 걸쳐 입었다. 예(禮)다. 예를 모른다는 것은 스스로 인간 존엄을 포기하는 일이나 다를 바 없다. 인간 최고의 예가 드러나는 것이 혼례(婚禮)고 장례(葬禮)다. 생일을 '탄례(誕禮)'라 하지 않는다. 결혼기념일도 회갑도 예(禮)로 지키지 않는다. 모두 반복된다. 회갑은 칠순과 팔순이 기다리고 있다. 장례는 결코 반복되지 않는다. 더욱 무거울 수밖에 없는 이유다. 그 절차도 까다롭다. 까다로울수록 그 속에는 정신과 의미가 새겨져 있다.

지난 11월 11일은 미국의 '재향군인의 날'이었다. 이날 재선에 실패한 도널드 트럼프 미 대통령은 알링턴 국립묘지를 찾았다. 전몰장병을 기리기 위해서다. 비가 추적추적 내렸다. 헌화와 묵념을 하는 10여 분, 대통령은 우산 없이 비를 맞았다. 누구도 대통령에게 우산을 씌어주지 않았다. 마이크 펜스 부통령도 마찬가지였다. 참석자들 모두 비를 맞고 서 있었다. 그게 사자(死者)에 대한 기본적 예(禮)다. 구령에 따라 경례를 한다. 펜스 부통령과 윌키 장관은 가슴에 손을 얹는다. 마크 밀리 합참의장과 트럼프 대통령은 거수경례를 한다. 현역이고 국군통수권자여서다. '우아한 승복'을 거부한 채 떼를 쓰는 막무가내 터프가이 트럼프도 사자(死者) 앞에서의 격(格)과 예(禮)는 포기하지 않는다.

  아일랜드에서는 집안의 모든 시계를 고인이 숨을 거둔 시간에 정지시킨다. 고인과 함께 한다는 의미다. 루마니아에서는 유족과 이웃이 무덤까지 긴 행렬의 행진으로 함께 한다. 네덜란드는 고인의 사진을 영상으로 보여준다. 고인이 좋아했던 음악을 틀어준다. 지인과 가족들이 고인에 대한 추억을 이야기하고 시(詩)를 낭송한다. 대부분의 나라는 시신(屍身)을 끌지 않는다. 어깨 위로 높이 든다. 신분과 상관없다. 한 생애에 대한 존엄함이다. 고인에 대한 존경심이다. 우리나라 상여가 그랬다. 높이 들어올렸다.

  그런데 오늘날 장례는 장례(葬禮)가 아니다. 누구도 영정을 앞서 걸어서는 안 된다. 영국 여왕의 남편 에든버러 공작도 여왕의 반 보 뒤에서 걷는다. 걸음만이 아니다. 기념사진을 찍을 때도 여왕의 뒤로 자신의 몸을 약간 가린다. 여왕에 대한 배려를 넘어서 국가의 권위에 대한 시민의 예다. 언제부터인지 혼례(婚禮)를 결혼식으로 부르며 혼례가 한없이 추해졌다. 주례자도 거부한다. 이러다가 '셀프 세례(洗禮)'가 나오지 않을까 걱정하는 것은 지나친 기우일까?

앞서 배 교수는 세수하지 않은 용모로 누구를 만나는 행위는 상대방에 대한 '실례'일 뿐만 아니라 '범죄'라고 일갈(一喝)했다. 혹 우리의 장례가 깡패 짓은 아닐까? 추모는커녕 범죄자는 되지 말자.

장례는 그 집안의 마지막 품격이다.

비를 고스란히 맞고 있는 트럼프 대통령

김정숙 대통령, 문재인 비서실장?
태국, 미얀마, 라오스 등 동남아 3개국 순방

김정숙 여사의 나홀로?

여전히 따로 노는(?) 대통령 부부

매너 명장,

신성대의 돌직구 메시지

국가장(國家葬)의 품격

1조 달러 무역대국의 초라한 국가장. 장례 매너도 창의적으로 만들어 나가야 문화선진국!

▲ 박근혜 대통령이 26일 오후 서울 연건동 서울대학교병원 장례식장에서 故 김영삼 전 대통령의 유해가 실린 운구차를 향해 마지막 인사를 하고 있다.(사진 청와대)
고 김영삼 전 대통령 운구 행렬을 지켜보는 박근혜 대통령. 격도 못 갖추고 우르르 둘러서서 배례 혹은 묵념. 너저분한 주차장 길바닥은 국가최고지도자가 위치해야 할 자리가 아니다. 공(公)과 사(私)를 구분하지 못하고 있음이다.

역사는 기록으로 남긴다? 소통은 언어로 한다? 당연한 말 같지만 그 또한 상투적인 고정관념이다. 지금은 이미지의 시대다. 사진 한 장이 그 어떤 기록보다 더 많은 이야기를 남기고, 꽃 한 송이, 배지 하나의 은유적인 메시지가 백 마디 말보다 더 강한 호소력을 지닌다.

2012년 4월, 97세를 일기로 사망한 프랑스 레지스탕스 영웅 레몽 오브라크 장례식이 남긴 사진을 단적인 예로 들 수 있겠다.

쉿! 집중! 인격(人格) 이외 다른 일체의 물격(物格)들은 삭제되고 없다. 꽃 한 송이조차도 여기서는 방해물일 뿐이다. '거두절미'란 이런 데 사용하는 말이겠다. 일대일의 대면! 이보다 더 인간적일 수 없는 연출! 시간마저 정지된 듯한 절대침묵! 혼연일체! 사진을 보는 이들까지 동참하여 이쪽에 서 있는 듯한 착각에 빠진다. 진정한 소통이란 바로 이런 것이겠다.

　이 사진을 두고 무슨 설명이 필요하랴마는, 프랑스 삼색기로 싸인 레몽 오브라크의 관이 아주 간소한 나무 상여에 놓여 드넓은 광장 땅바닥에 고적하니 놓였다. 조문객들과 관 사이는 아주 먼 거리로 떨어져 있고, 프랑스 국민을 대표하여 조의를 표하는 사르코지 대통령의 위치도 멀어 망자의 조국 헌신에 대한 경외심이 그 거리만큼이나 크고 높음을 표현해내고 있다. 최고 품격의 이미지를 잡아낸 사진기자의 안목. 흡사 여백의 미를 살린 동양화 한 폭을 보는 듯하다.

　혹자는 이를 두고, 그건 그들의 전통적인 관습일 뿐, 우리는 우리대로 하면 되지 굳이 서양을 따라 할 이유가 없다고 항변할 것이다. 당연한 말이다. 하지만 이 같은 장례식 풍경이 유럽이나 프랑스에서 일상적인 것이 아니다. 엄격한 국가의 의전임에도 불구하고 똑같은 장례식 이미지는 단 한 번도 남긴 적이 없다. 바로 그것이 프랑스의 힘, 끊임없이 새로움을 추구하는 문화 창조의 역량이다. 왜 프랑스가 글로벌 매너의 중심에 서 있는지를 대변해 주고 있다.

　동서고금을 막론하고 오늘과 내일이 다르게 새로움을 추구하는 민족이 언제나 세계사를 주도해 왔다. 과연 한국에서 저런 식의 과감한 발상을 해낼 수 있는 역량이 있을까? 그리고 타성의 질긴 끈을 과감히 끊어내고 새롭고 낯선 그것을 수용할 배짱이 있을까? 아직까지 일제 근조리본 하나 못 떼어내면서 문화 창조? 개혁이니 진보니 하지만 그게 그렇게 거창한 것만이 아니다.

해본 적이 없는 일을 해보는 것, 새로운 것에 도전하는 것이다. 버릴 줄 알고, 바꿀 줄 아는 것이다.

'용(勇)'이 없으면 창조도 없다. 매너는 지키는 것이 아니라 만들어 나가는 것이다.

―도서출판 동문선 대표

장례를 망가뜨린
오적(五賊)

2

●

●

1 수의

고인이 입는 옷을 수의(壽衣)라 한다. 유족이 입는 것이 상복(喪服)이다. 전통적으로 수의는 비단으로 지어진 옷을 입혀 드렸다. 생전의 관직에 따른 관복을 입히기도 했다. 고인에 대한 존중이었다. 거꾸로 상복은 죄인들이 입었던 삼베옷이었다. 부모를 제대로 섬기지 못한 대역죄인(불효자)이란 의미였다.

그런데 지금은 고인에게 죄수복을 입힌다. 유족들은 검정색 양복에 넥타이를 맨다. 격식 있는 취임식에 걸 맞는 드레스 코드다. 코미디 중에 코미디다.

장의업자들의 '마지막 며칠, 효도해야 하지 않겠습니까?'는 꼼수 마케팅에 놀아난다. 수백만 원짜리 수의를 입힌다. 제작 원가가 수만 원밖에 하지 않는다. 중국산이 대부분이다. 섬유 혼용률 표시조차 없다. 더구나 화장률이 90%인 상황에서 불과 수십 시간 후에 불에 태워질 옷에 낭비를 한다. 어리석음의 극치다. 이래서 수의는 장의업자들의 최대 발명품(?)이라 한다.

※ 하이패밀리는 가장 먼저 《평상복 입혀 드리기》 캠페인을 펼쳤다.

2 염습과 결박

장례 절차는 입관(入棺)으로 시작된다. 입관 전, 염습(殮襲)이 있다. 염(殮)은 '묶는다', 습(襲)은 '목욕시키고 갈아입힌다'는 뜻이다. 습(襲)이라 한다. 운명한 다음 날 습을 한 시신을 염포로 싼다. 소렴(小殮)이다. 대렴(大殮)은 시신을 아주 묶어서 관에 넣는 것을 말한다. 습과 염을 총칭하여 '염습'이라 한다. 옷과 이불로 관의 빈 곳을 채운다. 대렴이다. 유교식 상례 절차다.

대렴의 이유를 주자학의 『주자가례(朱子家禮)』는 이렇게 밝힌다.

"옷과 이불은 육신이 썩어도 형체는 깊이 감출 수 있어 사람들이 혐오하지 않게 할 수 있다."

'염(殮)'의 한자어가 그 의미를 고스란히 드러낸다. '거둘렴'이다. '넣다, 저장하다, 숨다'의 뜻이 있다. 시신이 부패하는 과정을 감춘다는 의미다. 혐오감을 남기지 않기 위해서였다. 어디에도 '결박'한다는 뜻은 없다. 망자의 산자에 대한 '예(禮)'라 할 수 있다. 그런데 산자들은 결박으로 망자에 대한 '폭력'을 휘두른다.

과거의 장례는 5일, 7일 꽤 길었다. 부패한 시신은 산자를 괴롭혔다. 위생문제도 컸다. 때문에 염습이 필수적이었다. 거기다 매장을 위해 먼 거리를 이동해야 했다. 때로 깊은 산속으로 들어서기도 했다. 길은 험했다. 시신이 흔들리거나 요동치지 않도록 해야 했다.

지금의 장례는 거의 3일을 넘기지 않는다. 산속을 헤집고 갈 일도 없다. 장의차가 안전하게 운행한다. 그런데도 시신을 결박한다. 우리나라가 유일하다. 대부분의 나라는 고인을 숙면(熟眠)을 취한 모습으로 관에 누인다. 이 세상에서 가장 평온한 영면(永眠)의 상태로 떠나보낸다. 우리나라는 미라(mirra)처럼 형체를 볼 수 없게 싸맨다. 국적불명의 폐습이다. 염습을 해야 한다는 강박이 병원장례로 고착되었고 도미노현상처럼 염습장이에 의한 장례로 귀착되었다.

지금은 간단한 위생 처리와 사후 화장만으로 충분하다. 복잡한 염습은 더 이상 필요 없다.

※ 하이패밀리와 청란교회는 위생 중심의 간편한 시신 처리를 돕는 정원형 안치실을 설치했다.

3 완장과 굴건

　유족이 다는 검은 리본, 완장 등은 조선총독부 의례준칙에 따른 방식이다. 의례준칙에는 전통 상복인 굴건제복을 생략해 두루마기와 두건을 입도록 했다. 왼쪽 가슴에는 나비 모양의 검은 리본을 달게 했다. 양복을 입은 사람의 왼쪽 팔에 검은 완장을 달게 한 것도 이때다.

　목적은 상주, 가족 그리고 문상객을 구분하기 위해 수를 달리한 검은 줄의 완장을 차게 했다. 탄압을 위한 감시수단으로 작동했다. 여기에 한술 더 떠 두 줄, 세 줄짜리로 진화했다. 완벽한 계급사회의 구현이었다.

※ 하이패밀리와 청란교회는 장례독립선언과 함께 와비(臥碑)에조차 장로 · 집사 · 목사의 호칭을 배제한

다. 죽음은 하나님 앞에 서는 일이다. 직분이 아닌 우리의 본분으로 성도(聖徒)란 호칭만 쓸 것을 주문한다.

QR코드가 생성되어 고인의 동영상을 볼 수 있게 설계되었다.

4 국화꽃과 조화 전시

우리 전통 장례문화에서 고인을 기리는 만장이나 휘장이 전부였다. 꽃은 보기 어렵다. 입관과 함께 병풍으로 가리면 끝이었다. 고관대작과 서민이 차이가 없었다. 죽음 앞에서 모두 평등했고 검소하고 겸허했다.

일본에서 수입된 잘못된 문화가 장례를 뒤덮고 있다. 대표적인 것이 일본 황실의 상징인 국화(菊花) 일색이다. 많은 부분 여전히 우리는 일본의 장례 속국이다. 고인이 생전에 좋아했던 꽃이나 고인과 관련된 꽃말이 담긴 꽃 장식이 훨씬 자연스럽고 의미가 깊다. 망자에게 생명도 향기도 없는 조화(造花)는 바치지 않는다. 심지어 절화(折花)까지도 절제

해야 한다고도 한다. 조문객이 직접 골라온 것도 아닌 준비된 꽃을 되돌이표로 주었다 빼앗다 하는 행위가 너무 우습지 않은가?

※ 하이패밀리와 청란교회는 장례의 독립선언과 함께 병풍을 되찾아냈다. 플로리스트(florist)에 의한 추모와 애도의 꽃 장식으로 품격을 높인다.

김복동 할머니 빈소에 국화(菊花) 헌화를 하는 문재인 대통령
1992년 3월 일본군 '위안부' 피해 사실을 고발했다. 이후 전 세계 전쟁 피해 여성들의 인권 신장과 지원을 위해 활동했다. 다른 이는 몰라도 김복동 할머니에게 일본 황실의 상징인 국화(菊花)는 전혀 어울리지 않는 조합이다.

5 무시기

장례가 엉망이 된 주적(主敵) 중의 주적은 바로 '나 자신'이다. 한마디로 말해 무지하다. 무지가 무속신앙과 미신을 키우고 가꾼다. 자신이 무식하다는 것을 모르는 무식이 가장 큰 무식이다. 나는 그런 사람을 무시기라 부른다. 나부터가 무시기였다.

이제는 배워야 한다. 그래야 속지 않는다. "한 번 속으면 속인 놈 잘못이다. 하지만 두 번 속으면 그건 '속인 놈'이 아닌 '속은 놈'이 잘못이다." 나는 여기에 하나를 더 보탠다. "남 속는 것을 뻔히 보면서 따라 속는 놈은 더 나쁘다."

게으름도 문제다. 닥칠 때까지 기다린다. 미리 미리가 없다. 나아가 성급하다. 서두른다. '서두름에는 축복이 깃들지 않는다.'는 말이 있다. 복을 갈망하면서 눈앞의 복주머니를 차 버리는 꼴이다. 장례는 안단테도 아닌 라르고(Largo)다. 즉 '느리고, 풍성한' 연주와 같다.

※ 하이패밀리와 메멘토모리 기독시민연대는 《메멘토모리 스쿨》을 통해 죽음 교육과 함께 엔딩 플래너를 지원해 장례를 돕는다.

삼일장 장례식장 어렵게 찾아드니
고인은 간데없고 상두만 설레발레
아서라 품격상례 꿈이런가 하노라.

— 야은 길재의 시를 패러디하다.

당장은 가세가 넉넉해도
기품이 없는 집안은 오래가지 못한다.

반토막 지팡이를
드는 이유

3

●

●

　　전통 장례, 부친이 돌아가시면 대나무 지팡이(竹杖)를 짚는다. 모친이 돌아가시면 오동나무나 버드나무 지팡이를 짚는다. 대나무는 아버지를 상징한다. 대쪽 같은 성품으로 올곧게 키워주신 아버지를 기억하고 추앙한다는 의미다. 오동나무나 버드나무는 악기나 가구를 만들 때 사용했다. 살림살이에 힘쓴 어머니에 대한 상징이다.
　　상징만이 아닌 기능도 있었다. 상주가 슬픔에 겨워 쓰러질 것을 염려하여 지팡이를 짚도록 했다. 이쯤에서 질문이 생긴다. 지팡이는 왜 난쟁이여야 하는가? 죄인은 허리를 펴면 안 된다. 뻔뻔하게 고개를 치켜 들 수 없다. 납작 엎드리는 데서부터 참회(懺悔)가 시작된다.
　　긴 지팡이는 방향을 가리킨다. 현자의 손에 들려진다. 지팡이에 권위가 새겨진다. 반대로 짧은 지팡이는 몽둥이다. 죄인을 다룰 때 쓰여 진다. 지금이라도 나를 내리쳐 죄를 다스려 달라는 간곡한 청원이다.

　장례는 내 삶에 대한 돌이킴이다. 가족에게 충실하지 못한 데 대한 반성이다. 내 속에 똬리를 틀고 있는 온갖 이기심과 탐욕을 씻어내는 속죄의식(贖罪儀式)이다. 새롭게 살아보겠다는 회개(悔改)의 자리다. 그렇게 해서 내 영혼은 새롭게 빚어진다.

　장례가 슬프면서 아름다운 이유다.

지팡이를 든 모습

국화꽃도
불만이 많다지 않은가?

4

●
●

우리나라 사람들의 꽃 사랑은 유별나다. 지난해 국내에서 유통된 근조화환은 388만 개. 축하화환은 대략 202만 개다. 여기에 행사화환 100만 개를 더하면 690만 개의 화환이 국내에서 소비됐다.

(「화환 유통체계 개선방안」, 단국대)

대체 꽃은 언제부터 장례식장을 찾아온 것일까? 중국에서는 장례식에 화환을 보내는 것으로 시작된다. 집 앞에 화환이 수북하게 쌓여있는 것을 보면 장례가 있다는 뜻이다. 일본인들은 꽃에 대한 집착이 유별난 민족이다. 화려한 벚꽃에다 황실의 상징인 국화(菊花)꽃에 대한 동경은 거의 광적이다. 여권, 신사(神社)의 현수막, 군함의 머리에도 국화 문양을 새긴다. 심지어 장례식장의 제단마저 국화로 단장한다. 서구 문물을 받아들이면서부터다.

80년대, 중국의 화환과 일본의 국화 사랑이 한국으로 들어온다. 당시까지만 해도 빈소(殯所)에서 고인을 모셨다. 장례 기간 내내 상주는 고인과 함께 했다. 지금의 분향실과 안치실(영안실)의 일체형이었다. 이 중심에 놓인 것이 병풍이었다.

정병모 교수(경주대학교 문화재학)는 말한다.

"생애의 첫해를 맞이하는 돌잔치를 병풍 앞에서 벌였고 혼인식을 비롯하여 크고 작은 잔치 때에도 반드시 병풍을 펼쳤다. 장례식 때에는 병풍 뒤에 주검을 안치했다. 병풍 앞에서 삶을 시작하고, 병풍 뒤에서 생을 마감했다. 병풍은 삶과 죽음의 경계선이었다." 병풍의 서사다. 앞서 말한 '죽살이'의 상징이다. 나는 병풍을 이렇게 말하고 싶다.

"집안에 들여놓은 자연", "고사성어로 가득 찬 인문학의 정수", "산수화의 예술" 아니 폴 세잔과 빈센트 반 고흐보다 1000년 앞서 인상주의를 실현한 화풍이 사의화(寫意畵: 마음을 그린 그림)가 아닌가?

선승혜 관장(대전시립미술관)은 산수화를 이렇게 극찬한다.

"산수화는 작지만 멀리 볼 수 있도록 숨통을 터준다. 동아시아에서 1000년 이상 산수화가 사랑을 받은 이유다. 산수화를 보면서 내 마음에 예술 산보를 선사한다. 실내에서 산수화를 보면서 마음을 멀리 여행시킨다. 높은 산에 올라서 펼쳐지는 풍경을 보듯이 평원의 관점에서 수평으로 멀리 본다. 현상에 일희일비하지 않고 멀리 보는 관조의 태도를 연습하는 것이다."

집에서 행해지던 장례가 병원 장례로 넘어가면서 시신과 조문 공간이 분리된다. 그 사이를 비집고 들어선 것이 국화꽃이다. 중국과 일본의 문화가 짬뽕으로 집대성(?)된다. 화환은 3단짜리 조화로 피어난다. 국화 제단 역시 물결 제단부터 시작해 거의 예술로 피어난다.

순전히 정치인들의 저비용의 자기 홍보와 상주들의 신분 과시의 허영이 맞아떨어진 합작품이다.

'키치(kitsch)'다. 키치란 일반적으로 '천박하며 저속한 모조품 또는 대량생산된 싸구려 상품 등이 마치 훌륭한 진품인 것처럼 스스로를 기만하는 현상'을 의미한다. 영한사전을 펼치면 '저속한 작품' 혹은 '공예품'을 뜻하는 것으로 되어 있다. 겉으로 봐서는 예술품이지만 그 속을 들여다보면 싸구려 상품이 바로 키치다. 키치는 미적(美的)으로 저급하거나 조악한 것을 넘어선다. 삶의 방식과 태도가 천박한 것을 지칭하기도 한다.

"이발소 그림, 브리태니커 백과사전에 둘러싸인 졸부, 초등학교 화단의 이순신 장군상과 이승복 어린이상, 사기로 만들어진 테일러 종의 눈이 큰 강아지 공예품, 거실에 걸린 액자, '바람이 분다, 살아야겠다' 식의 어구가 끊임없이 이어지는 시집이나 에세이들, TV드라마, 광고 속의 소설가의 포즈, 총학생회 후보들의 전신이 찍힌 대형사진 팸플릿, TV 음악 프로그램, 달콤한 영화와 대중음악, 갈비집 마당의 물레방아 혹은 비단잉어가 유영하는 연못, 강남의 국적을 알 수 없는 건물들과 그 안에 사는 사람들 등등."

(이영욱, 『현대의 예술과 미학』, 2007)

    나는 여기에다 장묘 문화를 꼽는다. 흰 국화로 뒤덮인 영안실, 쭉 늘어선 3단짜리 조화, 공동묘지의 조악하기 짝이 없는 조화, 쭉 늘어서서 먹는 뷔페 식사….
    거기다 흰 꽃은 항복, 순결, 순종, 체념을 의미한다. 적어도 군인에게는 붉은 꽃을 바쳐야 한다. 그런데 일본 위안부 피해자나 독립군의 죽음 앞에도 황실의 꽃으로 조문을 한다. 한마디로 개념이 없다. 누구는 화훼산업을 걱정한다. 강기헌 기자(중앙일보)의 보도에 의하면 근조화환 한 개에 쓰이는 국화는 대략 100송이, 축하화환에는 색이 선명한 거베라 65송이가 쓰인다. 단순 계산으로 화환에 들어간 꽃을 모두 합하면 국내에서 재배한 꽃보다 훨씬 많다. 지난해 기준으로 축하화환 73.7%, 근조화환 49.1%가 재활용된 것으로 추정된다. 정부는 올해 8월부터 재사용 화환 표시제 등을 담은 화훼산업법을 시행하고 있다. 재사용 화환을 판매할 경우 이를 의무적으로 표시해야 한다. 생화보다 조화 화환이 많아진 이유다.

-좋은 소식: '살다 첨으로 남편이 꽃을 가져왔네.'
-나쁜 소식: '그런데 하얀 국화꽃만 있네.'
-환장할 소식: '장례식장 갔다가 아까워서 가져온 거라네.'

—『죽음이 배꼽을 잡다』중.

제단보다 정치인들의 조화 행렬이 더 커 보이는 장례식장 풍경

이래서 국화꽃도 불만이 많다지 않은가? 장례식 어디를 둘러보아도 국화꽃만 만발이지 고인을 떠올릴 만한 그 무엇도 없다. 이미 고인은 차가운 안치실(원래는 행려환자와 무연고자의 시체실이었다)에 있다. 조문객 접견실에는 마치 시신이 있는 듯 관 모양을 둘러싼 국화에 영정사진밖에 없다.

병풍이 아니라면 차라리 추모 테이블(Memorial Table)을 설치할 수 없을까? 고인이 쓰던 손때 묻고 눈물 젖은 성경, 필사 노트, 애장품, 저작물, 그림, 예술작품 등. 고인의 특별했던 취미 생활을 보여주는 유품이나 일기의 한 페이지도 멋지지 않나?

장례, 장례답게 제 자리로 돌려주어야 한다.

※ 진정 화훼산업을 걱정한다면 장례식장의 왕창 소비 대신 평소에 생일 축하, 졸업, 승진 등 기념일에 건네는 일상 소비로 전환하자. 꽃도 상대방을 고려해 다양한 꽃들을 소비하자. 그래야 화훼업자들도 더 많은 품종 개발에 마음을 쏟을 것 아닌가? 지금의 구조는 일부 유통업자들만 배불리는 농간이 판치고 있는 게 문제다.

구슬픈 전시회

종이장처럼 가벼운 몸
자신이 밀고가는 수레에 얹혀간다.
수레가 밀고가는 것인지

수레가 할머니를 끌고 가는 것일까?
할머니와 수레는 서로를 닮아 있다.
할머니에게 삶이란 닻일까? 덫일까?

깃털처럼 가벼운 몸에
작은 돛을 달아드릴 수 없을까?

—오세훈

국화꽃의 경제학

90세 노인이 서울 성북구 골목에서 폐지를 줍는다. 고물상에 팔면 한 달에 약 9만 원을 손에 쥔다. | 조인원 기자(조선일보)

    통계청이 1월 2일 발표한《2017 전국 사업체 조사》결과, 한국 기독교 단체는 5만 5,104개로 집계됐다. 5만여 교회가 연간 지출할 축하 난과 조화(弔花)값을 산정해 보았다. 결혼식과 상가의 3단짜리 조화를 기준해서 10만 원에서 25만 원짜리에 이르기까지 천차만별이었다. 취업포털 잡코리아가 직장인을 상대로한 2018년 경조사비 지출 현황에 따르면 일반 직장인의 경우 월 평균 1.8회 참석한 것으로 조사되었다. 여기에다 김영란법으로 불려지는 '부정청탁 및 금품 수수의 금지에 관한 법률'의 최고 한도액인 10만 원을 기초 자료로 삼았다.
    먼저 교회 수를 미자립 교회 등을 감안, 절반 수준인 2만 7,600개 교회로 잡았다. 그리고 월 평균 근조화를 3개로 해서 계산해 보았다. 연간 1천억 원의 돈이 쏟아 부어지고 있는 셈이다. 이 돈이면 '구슬픈 전시회'는 마감될 수 있다는 확신이 들었다. 실제 10만 원짜리 조화에는 50여 개 안팎으로 대국(大菊)이 꽂힌다. 꽃 두세 송이 값이면 저 어르신들의 하루 종일 노동력의 고통을 덜어줄 수 있다.

지금이라도 신분 과시와 허례허식의 꽃 전시회는 멈추자. 결혼식장의 화환은 그 날 3~4회까지 재활용되고 있다. 슬픈 현실이다.

(관 꾸미는데 대략적으로 1단은 110송이 정도 사용된다. 2단으로 꾸밀 때는 220송이가 사용된다. 1단 장식은 한 송이당 가격은 4천 원, 2단으로 장식할 때에는 2천7백 원 든다. 국화꽃 한 송이당 평균값은 약 3천2백 원이다.)

아름다운 퇴장의 상징, 병풍

5

-
-

부시 대통령, 재선에 실패한다. 백악관을 떠난다. 1993년 1월 20일 일이다. 새 대통령으로 취임하는 클린턴에게 쪽지 편지를 남긴다.

"친애하는 빌에게. 당신이 이 글을 읽고 있을 때 당신은 우리의 대통령일 것입니다. 당신의 성공은 이제 우리나라의 성공입니다. 나는 당신을 열심히 응원할 겁니다. 조지."

민주주의의 정의다. 청교도 정신의 품격이다. 이것만이 아니다. 미국 대통령들은 퇴임 직후 일정 기간 동안 대중의 시선에서 사라진다. 오바마 전 대통령은 후임으로 당선된 트럼프 대통령이 못마땅했다. 하지만 2년여 동안 공식 석상에 등장하지 않았다. '그레이스(자비) 기간'이라 불리는 전통을 지켜내기 위해서였다. 조지 워싱턴 초대 대통령 때부터 시작되었다.

우리는 이런 장면에 감동하고 감탄한다. 줄줄이 감옥행

의 전직 대통령을 보며 탄식한다. 우리 자녀들에게 무엇을 보여주고 있는 것일까?

그러나 마냥 탄식할 일만은 아니다.

아주아주 오래전부터 우리는 그런 멋진 삶을 살아냈다. 장례식의 빈소(殯所)로 돌아가 보자. 빈소의 사전의 정의는 이렇다. "상여가 나갈 때까지 관을 놓아두는 방." 상주는 장례기간 내내 시신 곁을 떠나지 않았다. 끝까지 함께 했다. 지금처럼 분향실과 안치실(영안실)로 나누어지지 않았다. 분향실과 안치실을 구분 짓는 것이 병풍이었다.

병풍이 무엇인가? 병풍은 삶의 마디마디에 반드시 등장한다. 아이의 돌잔치에서부터 약혼식도 결혼식도 병풍 앞에서 행해졌다. 회갑잔치에서도 펼쳐지는 인생무대였다. 그리고 삶의 마지막인 장례식도 마찬가지다. 다만 다른 것 하나가 있다. 병풍을 배경으로 펼쳐지던 잔치의 주인공이 병풍 뒤로 숨는다. 무슨 의미였을까?

노년 삶의 지혜를 깨우치는 노래가 있다.

> "이기려 하지 말고 져 주시구려
> 어차피 신세질 이 몸인 것을
> 젊은이들에게는 꽃 안겨주고
> 한걸음 물러서서 양보하는 것

원만하게 살아가는 비결이라오"

—우탁(禹倬), 탄노가(歎老歌) 중.

병풍은 바톤 터치의 극적인 상징이다. 비껴나 '지켜봄'이다. 모든 영광과 기쁨의 순간을 넘겨주고 안식에 이른다. 훼

하이패밀리와 청란교회가 심혈을 기울여 제작한 8폭짜리 병풍이다. 출생부터 죽음까지 인생의 마디마디를 드러내는 말씀과 주님의 나를 향한 환대의 잔치, 성찬을 그려냈다.

밍웨이가 그렇게도 보고 싶어 했던 '고귀한 퇴장'이다. 자식들은 '자비와 은총'의 3일을 통해 거듭난다. 회환에 잠기기도 하고 이어가야 할 가문의 무거운 숙제 앞에 고민한다. 남긴 유업을 어떻게 이어야 할지 고뇌에 잠겨든다. 그렇게 해서 상주는 집안의 가장으로 우뚝 선다. 가업이 이어진다. 한 가문의 퇴임식과 취임식이 동시에 마무리 되는 인문학의 절정이다. 그게 빈소였고 장례였다.

병원 장례를 볼 때마다 '가벼움'이 내게 무거운 짐이 된 이유다.

완장 욕구

6

·
·

　칼을 쥐어준다. 무엇이든 찔러보고 싶어 한다. 사람의 욕구다. 완장을 둘러준다. 한번 소리라도 지르려고 한다. 윤흥길 소설 『완장』의 주인공 '임종술'은 어느 날, 저수지 낚시터 관리인으로 취업한다. 감시원 완장을 차고부터 사람이 달라진다. 종술은 밤에 고기를 잡던 초등학교 동창과 그 아들을 두들겨 팬다. 낚시하러 온 도시 남녀에게 기합을 주며 거들먹거린다. 면 소재지가 있는 읍내에 나갈 때도 완장을 차고 활보한다. 급기야 자신을 고용한 사장 일행의 낚시까지 금지하다 감시인 자리에서 쫓겨났다. 이후에도 '완장의 환상'에 사로잡혀 가뭄 해소용으로 물을 빼려는 수리조합 직원과 마찰한다. 경찰과도 부딪친다.

　사람의 가장 큰 욕구는 '완장 욕구'다. 완장은 '신분이나 지위를 나타내기 위해 팔에 두르는 표장'이다. 두르는 순간 권력이 되고 폭력이 된다. 튀어나오는 것은 갑질이고 성질이다. 완장이라 하면 독일 나치 친위대가 먼저 떠오른다. 중국 문화혁명기의 홍위병도 그랬다. 내 아버지 세대의 일제시대 헌병과 6·25 때 죽창부대 완장의 기억은 더 끔찍하다. 처참했고 비굴했다.

완장형 인간이 어디 임종술만이었을까? 손남주 시인은 시(詩)《완장》을 통해 비루하기 짝이 없는 인간 심성을 드러낸다. '고해 시(詩)'를 넘어서 완장 속물들을 향한 '고발장'이다.

"나도 완장이었다
밥 때문에, 목숨 때문에
완장이 됐다
주인은 높은 곳에 있어 잘 몰랐지만
그의 충직한 하수인이 된 순진한 완장이었다
완장은,
권력이었고, 아부였고, 횡포였고, 비굴이었고,
분노였다

하찮은 헝겊과 비닐조각이 팔뚝을 끼면
어떻게 그 엄청난 변신을 할 수 있었는지
사람들은 구태여 따지려들지 않았다
완장은 그저 오랫동안 서로가 함께 살아왔다
여기도 완장, 저기도 완장,

(중략)

이제 '완장'은 지난 이야기가 되고
거리에서 사라져가고 있지만
눈에도 보이지 않는 더 무서운 완장이
우리들 몸속에 도사리고 있는 것은 아닐까?
'갑질'이란 괴질은 언제 주먹질, 발길질,
욕질로 발병할지 겁나는 일이다"

  이 비루하기 짝이 없는 광경을 우리는 수시로 본다. 장례식장이다. 일제하의 감시수단이었다는 완장 말이다. 한술 더 떠 완장에 줄을 넣어 계급을 정한다. "넉 줄 완장은 맏상주가, 석 줄은 나머지 아들들이, 두 줄은 사위가, 한 줄은 손자·형제가 각각 찬다." 누가 이런 훈령을 내렸을까?
  '주번'이나 '안내' 완장 말고는 평생 완장다운 완장을 차 보지 못한 속물들의 한풀이였을까? 임종술의 애인 부월은 가진 것도 잃을 것도 없는 술집 작부일 뿐이다. 부월이 일갈한다.
  "눈에 뵈는 완장은 기중 벨볼일 없는 하빠리들이나 차는 게여! 진짜배기 완장은 눈에 뵈지도 않어! 자기는 지서장이나 면장 군수가 완장 차는 꼴 봤어? 완장차고 댕기는 사장님이나 교수님 봤어? 권력 중에서도 아무 실속 없이 넘들이 흘린 뿌시레기나 주워 먹는 핫질 중에 핫질이 바로 완장인 게여! 진수성찬도 말짱 다 뒷전에 숨어서 눈에 뵈지도 않는 완장들 차지란 말여!"

 장례가 장례다우려면 이런 허위의식을 내팽개치고 다가온 죽음 앞에 눈물로 답해야 한다. 나의 비굴함과 허세를 울어야 한다. 내 마음속 깊이 똬리를 틀고 있는 코로나19보다 무섭고 처참한 핫질을 울고 또 울어야 한다.

 그때… 비로소 우리는 죽음에서 새롭게 탄생한다. 울음으로 태어나는 새 생명처럼 울음이 새로운 삶의 출발이 된다.

(사진은 영화 《피아니스트》 장면과 함께 장례식장의 풍경들이다.)

현대판
힐링 캠프

7

●

●

　　옛날 어르신들은 외도가 많았다. 오죽하면 YWCA를 중심으로 축첩제도 폐지운동이 벌어졌을까? 집 밖을 맴돌던 아버지가 집으로 들어선다. 무슨 체면인지 친구 만나 해장술 먹겠다고 옷가지들 벗어두고 또 다시 사립문을 나선다. 어머니들은 얼마나 속상했을까? 속상한 마음을 거둘 길 없었던 어머니들은 옷가지들을 들고 냇가로 나간다.

　　냇물에다 옷가지들을 집어 던지며 한숨짓는다. "이 인간아 언제 정신 차릴래?" 그러면서 휘휘 젓는다. 건져 올린다. 분하고 억울한 심정을 방망이에 담아낸다. 방망이질 한다. 그러면 그 소리를 들은 동네 아낙네들이 너나 할 것 없이 각자의 억울함과 서러움을 이고 빨래터로 나온다. 절대 홀로 두지 않았다. 그렇게 해서 두들겨 팼다. 이게 난타공연의 원조가 되었다. 스트레스가 다 달아났다. 우울증이 치료되었다. 빨래터는 일종의 치유의 공간이었다. 뮤지컬《빨래》가 있다. 고단한 삶을 위로하는 노랫말로 흘러넘친다.

"얼룩 같은 슬픔일랑 빨아서 헹궈버리자
먼지 같은 걱정일랑 털어서 날려버리자"

하지만 살만한 세상이 되면서 세탁기가 안방 가까이 들어오기 시작한다. 그러면서 여성들의 항우울제 복용이 늘기 시작했다.

이것만이 아니다.

동네 상(喪)이 난다. 사람들은 버선발로 쫓아간다. 서럽게 서럽게 울다가 묻는다.

"야, 야~ 누구 죽었냐?"

이런 것을 놓고 이성보다 감정이 앞서는 민족이라고 해석하는 것을 들었다. 아니다. 사람은 누구나 자신의 슬픔이 치유되어야 남의 아픔이 보이는 법이다. 시집살이 서럽고 서러워 울었다가는 시어머니한테 혼이 났다. 그 설움을 꾹꾹 눌러 참다 때마침 기회가 온 거다. 놓칠 수 없다. 달려가 운다. 서럽게 운다. 동네 상(喪)과 곡(哭)은 힐링 캠프였다.

눈물만이 아니다. 소를 잡거나 돼지를 잡았다. 지나가는 객도 들러 배를 채우게 했다. 동네 개들도 좋아 껑충껑충 뛰었다. 마을 사람들은 덕담으로 서로의 어깨를 토닥였다. 밤새 화투 놀이를 하며 그간의 응어리를 풀어냈다. 질펀한 놀이마당이 펼쳐졌다. 싸우던 사람들도 장례를 통해 화해의 자리로 나아갔다.

　죽음 교육이 저절로 행해졌다. 장례식장에서 읊어지는 만사(輓詞, 죽은 사람을 애도하는 글)를 들으며 옷깃을 여미었다. 상여가 동네 마을 어귀를 돌아 나갈 때까지 불러지는 노랫가락에서 희망을 보았다. 웰다잉(Well-dying)을 넘어선 힐다잉(Healing+dying)이었다. 힐다잉의 핵심이 '용서와 화해'다. 해피 엔딩이었다.

　일상의 축제, 축제의 일상, 그게 장례다. 영화 거장 임권택 감독이 장례를 굳이 '축제'라고 이름붙인 역설, 거기 삶의 비밀이 있다.

영화 《축제》
1996, 임권택 감독

신줏단지와
죽살이

8

-
-

　무언가를 소중히 다루는 모습을 두고 '신줏단지 모시듯 한다.'고 한다. 아이를 금지옥엽 끔찍이 아낄 때도 이 말을 쓴다. 신줏단지는 신주(神主)와 단지(甕)의 합성어다. 신주는 조상신을 의미한다. 단지는 조상신을 상징하는 신체(神體)다. 곧 '조상 단지'를 뜻한다.

　신줏단지는 무속신앙의 대명사다. 이미 우리의 일상에서 사라진 지 오래다. 그런데도 신줏단지를 소환하는 데는 이유가 있다. 소설가 백영옥의 칼럼《백영옥의 말과 글》에 부탄 족(族)의 풍습이 소개된다. 아이가 태어나면 매일 5분, 아이에게 죽음에 대해 속삭인다. 아이는 태어난 순간부터 빛과 어둠, 해와 달처럼 두 가지 상반된 것들이 공존한다는 말을 듣는다. 그는 이렇게 덧붙인다.

　"막 삶을 시작한 아이가 죽음도 삶의 일부라는 걸 무의식 중에 받아들이는 이 과정은 오랜 삶의 지혜처럼 느껴진다.

열 달 동안 익숙해진 엄마와 아빠의 목소리로 새겨진 진실은 살면서 잊히긴 하겠지만, 결정적 순간에 삶의 유한함이 아이의 통증을 달래고, 살아갈 힘을 줄 것이다. 모든 것에는 죽음 같은 끝이 있기에 우리는 지금 이 순간을 소중히 여겨야 한다는 역설적 진실 말이다."

그랬다. 현대판 죽음 교육이었다.

우리에게도 이런 죽음에 대한 기억장치와 죽음 교육이 있었다. 신줏단지였다.

신주는 죽은 사람의 위패로 대개 밤나무로 만든다. 밤을 땅에 심으면 그 원래의 모양이 열매를 거둘 때까지 땅속에서 사라지지 않는다. 자신의 뿌리, 근본을 기억한다는 의미가 있다. 길이는 여덟 치, 폭은 두 치 가량이다. 위는 둥글고 아래는 각지게 생겼다. 가장 소중한 자리에 두었다. 아침저녁으로 문안인사를 드렸다. 집안에 중요한 일이 있을 때마다 아뢰기도 하였다.

신주를 조상으로 인식했기에 집안에서 함께 생활하는 것은 당연했다. 여기서 탄생된 말이 '죽살이'다. '살림살이' '처가살이' 하듯이 죽음과 삶이 한 묶음이었다. 죽음을 멀리하고 기피하는 현대와 달리 죽음을 끌어안고 살았다. 3인칭(그, 그들)의 죽음을 1인칭(나)으로 바꾸기 위한 몸부림이었다.

튀르크 족들의 터번, 부탄 족의 5분 풍습, 우리나라의 신줏단지는 현대판 메멘토모리('죽음을 기억하라')였던 셈이다.
 죽음을 가까이 하면 가까이 할수록 인생은 신비롭기 그지없다.

장례는
축제다

9

•
•

　사람들이 내게 던지는 질문이 하나 있다.
　"장례문화가 쉽게 바뀔까요?"
　천년 동안 이어진 습속(習俗)이 쉽게 고쳐질리 없다. 나도 안다. 하지만 나는 그때마다 서현(서울대 건축가) 교수의 이야기로 답한다.
　"세계의 문화사가 증명하되 가장 변화 저항이 강한 것이 장례문화다. 그런데 한국은 매장이 화장으로 바뀌는데 한 세대도 필요치 않았다."
　이를 뒤집으면 세계가 못할 일을 한국인은 해낼 수 있다는 말이 아닌가? '한 세대'가 가기 전에 반드시 뒤집어질 것이다. 한국 민족의 성질이 뭔가? '한다면 한다.' 그것도 매우 빠르게 진행될 것이다.
　국제통화에서 한국의 국가 번호는 82다. 전기통신연합(ITU)이 어떻게 알고 이 번호를 부여했을까? 한국인의 급한 성미를 못 견뎌 82를 부여했다지 않은가?

두 번째 많이 받는 질문이 있다. 장례문화에서 꼭 바꾸어 놓고 싶은 것은 무어냐는 것이다. 나는 한마디로 말한다.

"놀이문화의 회복"이라고.

지구촌에 장례놀이를 그토록 성대하고 진하게 하는 민족은 우리밖에 없다. 밤새도록 슬픔에 잠긴 상주를 위로하는 가무극놀이를 한다. 출상 전날 밤 제청놀이가 대표적이다. 비통해 하는 상주를 웃기기 위하여 재담이나 노래, 우스운 병신춤까지 췄다.

'상여놀이'에는 반드시 상여소리가 뒤따랐다. 고인의 인품이나 성격, 공덕을 드러냈다. 유언이 전달되기도 했다. 이런 행위는 출상 전날 이뤄졌다. 일종의 리허설이었다. 장례의 품격을 지키기 위한 장치였다. 발인 때는 꽃상여에 태워 풍악을 울린다. 시집가는 처녀가 꽃가마를 타는 것과 똑같다.

장례는 장례로 끝나지 않았다. 이어령 교수의 통찰대로 희랍어에서 온 단어 자궁(womb, 움)과 무덤(tomb, 툼)은 놀랄 만큼 닮아있다. 태어나는 것이 곧 죽음을 향한 것이고 죽음은 언제나 새로운 탄생이다.

김병종 교수(서울대 전 미대 학장)는 《손주에게 쓴 편지》에서 자신의 연원(連原)을 이렇게 고백한다.

"봄이면 보랏빛 자운영이 끝 간 데 없이 펼쳐지고 노란 구름처럼 일어나던 송홧가루 하며, 파란 보리밭 사이로 둥둥 떠가던 오색 상여의 모습 같은 것이 나를 '먼 북소리'처럼 '환쟁이'의 길로 불러내었던 것 같구나."

어디 '환쟁이'만이었겠는가? 나는 확신한다. 장례의 필수였던 '여흥놀이'가 오늘날 빌보드를 휩쓸고 있는 방탄소년단(BTS)의 유전자라고. 세계적인 아티스트 김남준의 예술혼도 장례식장의 제단에 뿌리를 두고 있는 게 아닌가?

장례가 '일상의 축제'가 되는 그 날을 꿈꾸는 이유는 딱 한 가지다.

"생명의 갈망과 문화의 융성"

장례는
'이야기'다

10

엄마 뱃속에 있는 쌍둥이들이 이야기를 나눈다.

여동생이 오빠에게 말한다.

"난 말이지, 태어난 후에도 삶이 있다고 믿어."

그 말에 오빠가 강력히 반대한다.

"절대로 그렇지 않아. 여기가 전부라니까. 여긴 어두워도 따뜻하지. 또 우리를 먹여 주고 살려주는 탯줄만 잘 붙들고 있으면 딴 일을 할 필요도 없다고."

"말해 줄게 또 있어. 오빠는 안 믿겠지만 말이야. 난 엄마가 있다고 생각해."

쌍둥이 오빠는 무척 화가 났다.

"엄마라고?" 소리를 질렀다.

"무슨 뚱딴지같은 소리야? 난 엄마를 한 번도 본 적이 없어. 너도 그렇고 어떤 놈이 그런 생각을 자꾸 불어넣는 거야? 내가 말했잖아. 여기가 전부라니까. 왜 늘 여기 너머를 바라는 거야?

여기도 알고 보면 나쁘지 않아. 필요한 건 다 있으니까. 그러니까 여기에만 만족하도록 해."

여동생이 고개를 갸웃거리며 말한다.

"음… 내 생각엔 이 꽉 조이는 게 다른 곳, 그러니까 여기보다 훨씬 더 아름다운 곳, 엄마 얼굴을 보게 될 곳으로 갈 준비를 하라는 표시인 것 같아. 오빠는 흥분되지 않아?"

헨리 나우웬의 죽음에 대한 책에 나오는 이야기다. 출생과 죽음을 출산 과정과 임종으로 대비시킨다. 자궁(움, womb)과 무덤(툼, tomb)이 'w'와 't'의 한 자 차이일 뿐이라는 이야기가 실감나게 다가오는 순간이다. 물론 가상의 대화다. 무엇을 말하고자 함인가? 죽음은 죽음으로 끝나지 않는다. 그래서 '끄트머리'다. 영어의 'die(죽었다), expire(숨을 거두었다), lose life(생명을 잃었다) 또는 pass away(지나갔다)'라는 표현과는 판이하게 다르다. 끝에서의 머리, 새로운 시작이다.

헨리 나우웬은 이렇게 결론짓는다.

"죽음이란 하나님의 얼굴을 맞대고 볼 수 있는 곳으로 데려다 주는… '고통'스럽지만 '복' 있는 관문이라는 사실을 믿을 수 있습니다."

이야기 한 토막이 그토록 어려운 죽음의 문제를 수월하게 풀어준다. 고차원의 방정식을 한 순간에 풀어낸 듯 통쾌

하다. 그 여운은 깊고 길다.

 성경은 온통 이야기로 가득 차 있다. 창조와 출애굽의 이야기가 있다. 어린이들이 손에 땀을 쥐며 듣는 다니엘 사자굴 이야기가 있는가 하면 기드온 삼백 용사의 스펙터클전쟁 이야기도 있다. 그 뿐이 아니다. 장터에서 장례놀이를 하는 아이들의 이야기도 있다.

 창세기에는 족장들의 장례 이야기가 연작(聯作)으로 펼쳐진다. 시시콜콜해 보이는 묘지 이야기에서부터 유언까지 세세히 기록하고 있다. 야곱의 유언은 사전 장례의향서의 원조다. 출애굽기는 요셉의 길고 긴 장례 행렬이다. 200만의 조객들, 40년간의 행진이었다. 세상에 이보다 더 광대하고 장엄한 장례식은 없었다. 국장(國葬)도 등장한다. 아브넬의 죽음으로 국론이 분열된다. 다윗은 사면초가다. 직접 장례를 집전한다. 왕의 추모사가 있다. 백성들은 왕의 진정성을 읽어낸다. 다윗 왕권이 견고해지는 순간이다. 그 뿌리가 예수 탄생의 모태가 된다.

 무덤에서 나사로를 살리신 예수의 이야기는 '영광'이라는 가장 고결하고 거룩한 단어로 채색된다. 슬픔이 기쁨 넘치는 환희의 현장으로 전환된다. 극적인 반전이다.

 심리학자 칼 융의 이론대로라면 이야기의 '원형'이다. 아키타입(archetype)이라 불린다. 이와 달리 프로타입(protype)

이 있다. 원형의 이야기가 내 속에 스며들고 적용된 것을 이른다. '변형된 이야기'다.

이제는 내 이야기를 해야 한다. 장례식은 프로타입의 완결편이다.

장례식장은 이야기 방앗간이다. 인간미 넘치는 에피소드가 있다. 삶의 명대사가 가슴 저미게 한다. 흥허물 없이 나누는 인생사가 미소 짓게 한다. 숨겨진 선행에 감탄하고 실패한 이야기에 한숨짓게 된다. 인간사 희로애락이 버물어져 인절미가 되고 송편이 되어 내 영혼을 살찌운다.

인간은 등에 자신의 이야기를 지고 나온다는 말이 있다. 장례식장은 왜 찾아 가는가? 슬픔을 위로하기 위해서? 부조금 품앗이를 위해서? 진짜 이유는 그가 세상에 지고 와 풀어헤친 이야기를 듣고 싶어서다.

이야기를 듣고 싶어 하는 인간 심성이 드러난 것이 신문의 오비튜어리(obituary-사망기사)다. 그날 신문은 예외 없이 판매고가 는다. 정설이다. 추모사를 뒤져 읽고 또 읽는다.

이어령 교수는 말한다. "산다는 게 뭔가. 내 이야기를 하나 보태고 가는 것 아닌가." 그렇다. 사자는 가죽을 남기고 사람은 이야기를 남긴다. 장례식이 아무리 화려해도 이야기가 없으면 맹탕이 된다.

나는 대체 무슨 이야기를 써내려가고 있는 것일까?

예수 그리스도의 장례식
16세기 작품. 요셉과 니고데모, 예수의 모친 마리아가 예수의 시체를 옮기고 있으며, 막달라 마리아와 제자 요한이 지켜보고 있다.

추모사에 담긴 이야기

존 매케인 추모사 —오바마

존 매케인 상원의원의 장례식장에서 읽혀졌던 오바마 대통령의 조사의 일부분을 소개해 본다.

(전략)

"오늘 우리는 매우 특별한 사람, 미국의 최선을 몸소 보여준 전사, 정치인, 그리고 애국자의 일생을 기념하기 위해 모였습니다. 존과 같은 사람에게서 자신이 죽은 후 조사를 해달라는 부탁을 직접 받는 일은 매우 소중한 영광이었습니다. 올해 초 전화를 받았을 때 슬픔과 동시에 놀라기도 했습니다. 하지만 통화 후 이 요청이야말로 존의 사람됨의 핵심을 보여주는 것임을 깨달았습니다."

"따져 보면 우선 존은 쉽게 예측할 수 없는, 종종 통념과 반대되는 입장을 취하는 것을 즐겼습니다. 판에 박힌 상원의원의 모습이 어떤 것인지에 관심이 없었듯이 판에 박힌 장례식도 원치 않았던 것입니다. 또 자기 연민을 싫어하는 면을 보여줍니다. 그는 지옥과 같은 일을 겪었음에도 불구하고, 열성적 에너지와 생에 대한 열망을 잃지 않았습니다. 그러니 암이 그를 겁먹게 하지 않았습니다. 희망에 찬 태도를 생의 마지막까지 유지했고, 평소처럼 좀이 쑤셔 가만히 앉아 있지 못했으며, 그의 친구들과 무엇보다도 가족들에게 매우 헌신적이었습니다. 존의 요청은 또 그의 권위에 대한 불손, 유머감각, 그리고 장난기를 보여주는 것이기도 합니다. 조지와 저(주: 후보로서 인신공격을 주고받으며 치열하게 대선에서 경쟁했던 부시와 오바마 두 전임 대통령)에게 국민을 상대로 자신에 대한 칭찬의 말을 하도록 하는 것 이상의 최후의 승리가 어디 있겠습니까? 그리고 무엇보다도 그의 무한한 포용력을 보여줍니다. 과거의 이견을 극복하고 공동의 장을 보는 그런 능력을 보여줍니다."

"얼핏 보면 존과 나는 그렇게 다를 수 없습니다. 우리는 다른 세대에 속합니다. 나는 부모의 결별로 아버지를 모르고 자랐습니다. 존은 미국에서 가장 명문 군인 가문의 하나인 집안의 후계자로 태어났습니다(주: 매케인은 1936년생, 오바마는 1961년생. 매케인 부친과 조부는 모두 큰 전공戰功으로 유명한 해군 제독이었다). 나는 냉정한 성격으로 알려졌지만 존은 반대였습니다. 우리는 각각 상이한 미국 정치 전통의 대표 주자였고, 본인의 대통령 임기 동안 내가 저지른 실수를 묵과하지 않았는데 그의 계산에 따르면 하루에 한 번쯤 내가 잘못하고 있었습니다. 하지만 우리의 차이와 많은 언쟁에도 불구하고 나는 그에 대한 존경심을 숨기려하지 않았고 그도 나의 그런 속내를 알고 있었다고 생각합니다."

(중략)

"여러 사람들이 이번 주 내내 철없는 쇠붙이였던 매케인이 강철로 굳어지게 만든, 그가 수 년간 매일 하노이 감방에서 겪었던 고초와 굴복하지 않았던 용기를 언급했습니다. 이런 일은 맥한

(주: 매케인의 딸)에 따르면 그가 좋아했던 헤밍웨이의 글을 연상시킵니다. '오늘은 있을 수 있는 모든 날들 중 하루일뿐이다. 그러나 앞으로 닥쳐올 모든 날에 일어날 일은 오늘 하루 당신이 무엇을 하느냐에 달려 있을 수 있다.'"

(중략)

"존은 J. F. 케네디가 이해했듯이, 그리고 로널드 레이건이 이해했듯이 이 나라를 위대하게 만드는 것은 우리가 혈연이나, 겉모습이나, 우리의 부모나 조부모가 어디에서 얼마 전에 이곳에 왔느냐를 중심으로 구성된 나라가 아니라 모두가 평등하게 창조주에 의해 불가분의 권리를 부여받고 만들어졌다는 믿음에 바탕을 두어 이루어졌기 때문이라는 것을 잘 알고 있었습니다."

(중략)

"존은 테디 루스벨트(주: 26대 미국 대통령. 이하 인용된 연설은 루스벨트가 1910년 프랑스 소르본 대학에서 했던 비평가나 훈수하는 사람이 아니라 몸소 노력하는 사람을 칭송하는 '경기장 안의 사람(Man in the arena)') 연설에 비교되곤 합니다. 루스벨트가 말하는 '경기장 안의 사람'은 존을 두고 만들어진 이야기 같다는 것을 아실 겁니다. 루스벨트는 끊임없이 노력하고, 큰 목표를 달성하려는 사람, 성공할 때나 실패할 때에도 항상 최선의 싸움을 하는 사람에 대해 이야기하고 있습니다. 이는 계산적이고 주저하며 승리나 패배를 모르는 이들에 대비되는 사람입니다. 바로 그런 정신을 이번 주 우리가 추모하는 것이 아닙니까? 우리의 건국 선열들이 남긴 유산에 부끄럽지 않도록 더 나아지기 위해, 더 잘하기 위해 분투하는 정신 말입니다. 우리의 정치, 공인들의 모습, 토론이 매우 편협해 보입니다. 억지로 만들어진 분노, 모욕과 논쟁을 팔며 용감하고 강해 보이려는 가식적 정치의 바탕에는 두려움이 있습니다. 존은 우리에게 그보다 더 성숙해지라고, 더 나아지라고 채근합니다."

"'오늘은 있을 수 있는 모든 날들 중 하루일뿐이다. 그러나 앞으로 닥쳐올 모든 날에 일어나는 일은 오늘 당신이 무엇을 하느냐에 달려 있을 수 있다.' 존 매케인의 봉사의 일생을 추모하는 길에는 그의 발자국을 따라 이 나라를 위해 싸우기 위해 경기장에 뛰어드는 것이 일부에게만 주어진 기회가 아니라 모두에게 열려 있으며, 오히려 이 위대한 공화국의 모든 시민들의 의무임을 증명하는 것 이상은 없습니다.

어떤 이상은 당, 야망, 돈, 명성과 권력보다 더 위대하며, 모든 것을 걸 만한 가치가 있으며, 영원한 원칙과 변치 않는 진리가 있음을 인정하는 것이 그를 가장 잘 추모하는 방법입니다. 존은 그것이 무슨 의미인지 몸소 보여주었습니다. 이제 우리 모두는 그런 그에게 큰 빚을 진 처지입니다.

존 매케인에게, 그리고 그가 몸 바쳐 봉사한 이 나라에 신의 가호가 있기를 빕니다."

※ 존 매케인은 헤밍웨이의 『누구를 위해 종은 울리나?』와 스페인 내전에 참가했던 링컨 브리게이드(Lincoln Brigade)에 경의를 표하는 칼럼 '존 매케인(John McCain): 코뮤니스트에게 경의를 표하다(Salute to a Communist)'를 2016년 3월 24일자 「뉴욕타임스」지에 게재하기도 했다.

Part 003

4막 3장의 인생?

유대인들은 『탈무드(Talmud)』와 함께 『미드라쉬(Midrash)』를 소중히 여긴다. 『탈무드』에는 수천 년에 걸친 인생 지혜가 담겨져 있어서다. 『미드라쉬』에는 자녀들에게 들려주는 삶의 이야기로 가득하다. 『미드라쉬』에 이런 이야기가 하나 있다.

어떤 아버지와 아들이 사막을 여행하고 있었다. 사막은 뜨겁기만 하고 갈 길은 멀었다. 아들은 아버지에게 울부짖는다.

"아버지, 더는 못 견디겠어요. 차라리 죽어버리는 게 낫겠어요."

아버지가 쓰러진 아들을 부둥켜안고 말한다.

"아들아, 저기 무덤이 보이는구나. 조금만 더 견뎌라. 머지않아 곧 동네가 나타날 거야."

아버지의 말대로 조금 후에 사람들이 사는 동네로 들어선다. 사막에 사는 사람들은 동네 밖에다 묘지를 만들었다. 사막을 여행하는 사람들에게 묘지는 곧 동네가 가깝다는 희망의 표지였다.

적어도 유대인에게 무덤은 죽음이 아니었다. 희망의 상징이었다. 유대인들의 자녀 양육은 이야기로 시작하고 이야기로 마쳐진다. 이야기만이 아니다.

사막은 거칠고 힘들다. 타는 목마름이 있다. 맹수의 위험이 있다. 끝 간 데 없는 사막의 극한 풍경은 절망이고 지옥이다. 외롭고 거칠다. 모래먼지가 눈을 덮는다. 배는 고프다.

사막과 같은 인생을 살아내야 하는 자녀들에게 부모는 잠언 교육을 한다.

"사막을 건너는 건 용맹한 사자가 아니라 못생긴 낙타란다." 그 한마디가 삶의 나침반이 된다.

고대인들은 사막 인생을 잘 살아내는 방법을 찾아낸다. 인생을 사등분 하는 일이다. 스승으로부터 경험과 지혜를 전수받는다. 태어나서 25세까지로 학습기(學習期)라 했다. 25세에서 50세까지는 가주기(家住期)라 불린다. 가정을 꾸미고 사회적 의무를 수행한다. 이어지는 주기는 임서기(林棲期)다. 자신의 구원을 위한 투자, 엄격한 금욕과 세상에 대한 집착을 끊는 연습을 해야 했다. 인생 마지막에 유랑기(流浪期)가 찾아온다. 세상을 떠나게 되는 기간이다.

인생을 마디마디로 들여다보면 한결 가뿐해진다. 놀라운 지혜다. 우리 인생을 연극에 비유한다면 '4막 인생'이 된다. 1막은 '배움의 시간'이다. 2막은 '채움의 언덕'이다. 3막은 '나눔의 공간'이다. 마지막은 '비움의 순간'으로 4막이다. 인생 4막에서 3장(葬)이 열린다. 3장은 상·장례에 관련된 장지(葬地), 장례(葬禮), 장후(葬後)를 일컫는다.

많은 사람들은 첫째부터 어긋난다. 밤 11시에 돌아가시고 나서야 다음 날 장지(葬地)를 구한다고 설쳐댄다. 그만큼 장례는 허겁지겁 이다. 이장(移葬)이 다반사(茶飯事)인 나라는 우리나라가 유일하다. 장례(葬禮)는 한 번도 경험해 보지 않은 일이라 대부분 장례지도사가 하는 대로 끌려간다. 깜깜이다. 장후(葬後)는 더 심각하다. 유산 배분, 장례 비용 결산이 가족 갈등을 일으킨다. 원수로 갈라서기도 한다. 장례 노동 후유증에다 그간 쌓였던 감정들이 폭발한다. 볼썽사나운 꼴이 연출된다. 한 집안의 폭망이다. 불 보듯 뻔하다. 이래서 상(喪) 당했다고 하는 것일까?

어떻게 하면 '4막 3장'의 인생을 잘 살아낼 수 있을까? 인생은 계획한대로란 말이 있다. 중국 송(宋)나라에 주신중(朱新仲)은 생계(生計), 신계(身計), 가계(家計), 노계(老計), 사계(死計)를 제시했다. 그 가운데서 최고의 계획은 사계(死計)다. 하루를 어떻게 보내야 할지에서부터 신년 설계가 있다. 신혼 설계를 하느라고 신혼여행도 한다. 그런데 죽음 계획이 없다. 그래서 인생은 막장에서 꼬인다. 막연하게 미루어 둘 일이 아니다. 사전연명 의료의향서 작성에서부터 장례의향서, 기부의향서 등이 기본이다.

인생이 '4막 인생'이 될지 '사막(沙漠) 인생'으로 끝날지는 죽음 계획에 달려있다.

아무도 주목하지 않는 통계

1

-
-

UN(국제연합)은 고령인구(만 65세 이상) 비중이 7%를 넘으면 고령화 사회로 분류한다. 14%를 넘으면 고령 사회, 20%를 웃돌면 초고령 사회라 부른다. 우리나라는 2000년 고령화 사회에 진입한 지 17년 만에 고령사회로 진입했다. 예상보다 1년 앞당겨진 2017년이었다. 이런 속도라면 2025년쯤에 초고령 사회로 접어들 것으로 예측된다. 고령화에서 초고령 사회로 넘어가는 시간이 겨우 25년 정도에 불과하다. 프랑스(154년), 미국(94년), 독일(77년) 등 선진국과는 비교하기 힘들 정도로 빠르다. '실버(silver)의 대명사' 일본의 36년 기록도 갈아치울 태세다.

2020년은 1955년생이 65세가 된 첫 해다. 베이비부머(1955~1963년생)는 727만 6,311명이다. 현재 노인인구 765만 408명에 거의 육박한다. 55년생에게만 한 해 들어가는 복지비(기초수급, 국민연금, 건강보험 등)가 5~6조 원이다. 의료비

부담과 비정규직, 장수 비용 등 노후 파산이 늘게 된다. 장수는 공짜가 아니다. 우리나라는 OECD에 가입한 나라 가운데 노인빈곤율 1위 국가다.

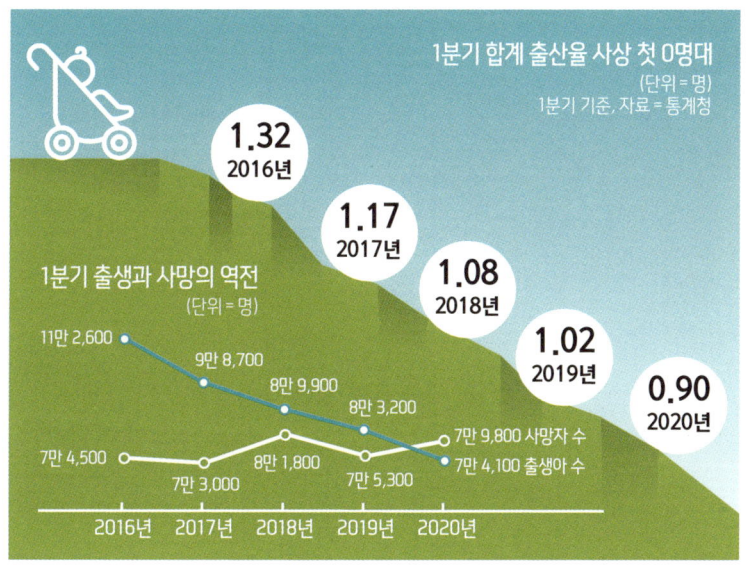

#2020년은 출생률보다 사망률이 앞지른 해이기도 하다. 우리나라 한 해 사망자 30만 명이 2035년에는 50만 명으로 뛴다. 일본의 초고령 사회를 넘어 '다(多)죽음사회'가 우리에게도 다가오고 있다. 2019년 사망원인통계에 따르면 병원에서 사망한 사람이 77%에 이른다. 집에서 사망하는 경우는 14%밖에 되지 않는다. 과거에 객사(客死)한 주검은 집

안으로 들이지 않았다. 집 밖에 천막을 치고 장례를 치르곤 했다. 그러나 지금은 객사(客死)가 표준이 된다. 대형병원·대학병원은 늘 병실이 부족하다. 응급실은 입원을 기다리는 환자로 넘쳐난다. 모자란 병실을 30만 병실의 요양원이 대신한다. 신기하게도 죽는 숫자 30만과 일치한다. 죽음 대기실만 같다.

이 정도 통계수치면 실감 날까? 뜻밖에도 통계에 인문학이 스며있다. 아니 통계(데이터)는 심리학, 인류학의 시그널이다. 통계를 보면 나의 앞날이 보인다. 그래서 미래학이다.

환자를 맞이해야 할 병원이 숨을 거둔 시신을 환영한다. 수익성 좋은 장례식장으로 모실 수 있어서다. 죽음은 장례식장으로 끝나지 않는다. 다음에는 화장장이 기다리고 있다. 현재 59개 시설에서 연간 32만 508건이 처리 가능하다. 하지만 턱없는 부족현상이 생긴다. 4일장 5일장과 함께 원정 화장이 등장한다. 화장도 줄을 잘 서야 한다.

이 불안심리를 파고든 것이 상조 서비스다. 상조상품 가입자 수가 600만 명을 넘어섰다. 선수금 규모가 무려 5조 5849억 원이다. 그런데 이런 돈들은 대체 어떻게 쓰여 지고 있을까? 아니 제대로 사용되고 있는 것일까?

최근의 한 기사를 인용해 본다.

"상조 서비스 업계 등에 따르면 장례 서비스 가격에 거품이 크다는 지적이 나온다. 대표적인 것이 고인의 생전 모습이 담긴 영전사진을 놓는 제단 장식이다. 제단 장식은 마진이 크기 때문에 대형병원을 낀 장례식장에서는 제단 장식 하나만은 절대 양보하지 않는 경우가 많다.

실제 강남의 한 병원 장례식장 서비스 소개 책자에는 제단 장식비용으로 182만 원이 적혀 있다. 신촌 소재 한 병원 장례식장에서는 제단 장식이 200만 원에 팔린다. 혜화동에 있는 국립대 한 장례식장에서는 제단 장식비용으로 119만 원을 청구한다. 생화 값을 기준으로 하면 최소 10배의 마진이 생기고 인건비를 감안해도 3배 이상 남는 장사다. 비싼 곳과 비교하면 20배 차익을 남길 수 있는 대부업 뺨치는 사업이다."

제단 장식이 이 모양인데 다른 것은 어떻겠는가? 빈소 사용료는 특급 호텔 스위트룸을 몇 배 뛰어넘는다. 가장 큰 부담은 접객비다. 따져볼 겨를도 없다. 고인 앞에서 할 짓이 아니라고 혀를 깨문다. 이어지는 절차에 떠밀려 속수무책이다.

장례 호황의 비밀은 장례 서비스가 아니다. 부가가치도 아니다. 장례에는 단골손님이 없다. 딱 한 번 내지 두 번으로 끝난다. 그러니 얼마든지 등쳐먹어도 된다. 다시 볼 일 없으니 말이다. 상주들의 지갑을 터는 비밀 병기가 있다.

"마지막 가는 길, 잘 모셔야 되지 않겠습니까?"

이 한마디에 모두 넘어간다. 평소에 잘 모시지 못한 마음이 앞선다. 속죄하고 싶다. 거침없이 쓴다. 묻지마 지출이다. 이를 '미안해' 마케팅이라 한다. 그들은 고수다.

통계가 들이민 복지 쓰나미, 장례 난민, 원정 화장, 셀프 장례, 장례의 불공정과 불평등….

미래 예측의 시그널 앞에서 미래학자 피터 디아만디스(Peter Diamandis)의 말을 떠올린다.

"미래를 예측하는 가장 좋은 방법은 스스로 미래를 만드는 것이다."

나는 안다. 남의 미래는 만들 수 없을지라도 나의 미래는 만들 수 있다. 생애 말기를 포함한 노후의 설계가 중요해진 이유다.

고종명과 객사

'떼이불 덮었다' '밥수저 놨다' '구들장 졌다' '망천길 떠났다' '갔다' '세상 등졌다' '저승으로 가다' '황천(黃泉)길 떠났다' 죽음에 대한 묘사다.

어디 이뿐이랴? 관(棺)의 옛말인 골을 따라 '골로 갔다'고 하고 '북망산(北邙山)가다'도 있다. 무려 500가지도 넘는다. 이 가운데 가장 돋보이는 죽음을 일러 '고종명(考終命)'이라 한다. '하늘이 준 목숨을 다하고 죽었다.'는 의미다. 『서경(書經)』에 따르면 인간이 누릴 수 있는 다섯 가지 복(福) 가운데 하나다.

천명대로 살다가 마지막에 있어야 할 제 집채에서 편안하게 죽음을 맞이하는 일을 중국인들은 수종정침(壽終正寢)이라 한다. 가장 행복한 죽음이다.

고종명에 반대되는 죽음이 객사(客死)였다. 객사한 주검은 집 안으로 들이지 못했다. 집 밖에 천막을 치고 장례를 치러야 했다. 이 천막 장례를 대치하게 된 것이 병원 장례다. 1980년대 후반의 일이다. 무연고자나 행려환자를 안치했던 시체실이 영안실로 영안실은 병원 장례식장으로 진화를 거듭했다.

병원 장례의 편리함과 종합병원 대학병원의 유명세가 보태지면서 1990년대부터 드디어 병원장례식의 전성시대를 맞이하게 된다. 대학병원의 특진제도가 장례식장의 특실로 자리 잡는다. 죽음에는 귀천(貴賤)이 없다는 말이 변해 죽음에 귀천이 등장한

다. 기준이 생겼다. 몇 개의 화환이 늘어서 있는가? 유명인의 화환이 몇 개나 되나? 상주에 의해 차명의 화환도 등장한다. 가장 경건해야 할 죽음을 조롱한다. 고인에 대한 존엄은 사라졌다. 죽음의 희화화다. 천박(淺薄)의 극치다.

무덤을
파보니

2

 •
 •

    4년마다 돌아오는 윤달(閏月)이 있다. 2020년이 그렇다. 윤달에는 부정이나 액이 없다고 믿어 집안의 일들을 마음껏 한다. 결혼도 윤달에 한다. 수의(壽衣)도 짓고 관(棺)도 준비한다. 장독대 하나 옮기는 것도 겁(?)을 먹던 이들이 겁 없이 조상의 묘를 이장하는 것이 이 때다.

    송장을 거꾸로 세워도 탈이 안 난다는 2020년의 윤달은 지난 5월 23일 시작되었다. 6월 20일 끝난다. 절과 장의 관련 업자들은 4년 만에 돌아온 대목으로 눈 코 뜰 새 없이 바쁘다. 땀 냄새로 질펀한 K님(OO상포 대표)을 만났다.

    다짜고짜 물었다.

    -사람들이 윤달을 찾는 이유는 뭔가?

    "겁이 많아서 그렇다."(그의 말은 시원했다.)

    -크리스천도 윤달을 따지나?

"예외가 없다. 집사님, 장로님도 좋은 날을 택해 달라고 조른다."

─실제로 개장(改葬)하거나 장례하는 좋은 날이 따로 있나?

"비 안 오고 눈 안 오는 날이 최고다."

나의 질문도 짧아지기 시작했다.

─실제로 명당이 있나?

"명당이라고 해서 조상 묘를 썼겠지만 땅 밑은 전혀 다른 세계다. 지관을 통해 비싸고 좋은 땅이라고 매장을 했을 텐데… 죽어서 '수몰 인생'이 한둘이 아니다. 약 30% 가까이가 물속에 잠겨있더라. 결국 수장(水葬)하는 꼴 아닌가?"

─그러면 어떤 것이 명당인가?

"400고지 700고지 어쩌고저쩌고 하지만 다 필요 없다. 도로가 가깝고 다니기 편한 곳이 명당이다."(그의 말이 명답이었다.)

─땅속 세상은 어떤 세상인가?

"열길 물속을 안다고 했는데 땅 밑 속은 알 수 없다."

(땅속 질문에 그는 뜬금없이 도자기를 이야기 했다.)

"도자기는 산업폐기물로 분류된다. 유약 성분 때문이다. 수질 토양을 오염시키는 주범이다. 100년을 가도 없어지지 않는다. 그런데도 눈에 반짝반짝 빛나는 것을 좋아한다. 두꺼운 향나무에 옻칠까지…… 결국 도끼질로 관을 깨야 한다. 거기 미라가 있더라. 비싼 도자기의 유골함에는 물이 그득하다. 죽은 자는 말이 없다. 인간사 헛된 탐욕이 있을 뿐이다. 제발 성경의 가르침을 따라 '흙으로 돌아가게' 해야 한다."

(그는 책을 하나 쓰고 싶다고 했다. 제목도 정해져 있단다. 『당신의 조상은 안녕하십니까?』 경험담을 쓰면 대박날 것만 같았다.)

-장례 비용에 거품이 많고 바가지의 상혼이 있다. 주로 어떤 것인가?

"우선 음식 값이다. 공기 밥은 천 원 수준에서 일반 식당과 동일하다. 문제는 반찬이다. 편육, 과일을 포함, 몇 인분으로 계산되지 않고 Kg으로 계산된다. 50명분이 1세트다. 약 140만 원에서 160만 원이다. 그런데 찬을 그릇에 담아보면 19명분 정도가 나온다. 31명분에 이미 구멍이 나 있다. 손님들에게 일단 넉넉하게 퍼준다. 그러면 금방 동이 난다. 상주에게 손님이 많이 와서 모자란다고 주문을 허락받는다. 몇 차례 반복하고 나면 음식 값이 천정부지가 된다. 장례를 마치고 정산할 때 따진다. 소용없다. 이미 바쁘게 사인한 음식 주문서가 눈앞에 있다.

화환도 마찬가지다. 들어온 조화를 폐품에 빗대 폐꽃이라 한다. 계약서에 장례식장 소유라고 되어 있다. 장례를 치르고 근조화환을 가져갈 유족들이 어디 있나? 장례식장에서는 폐꽃을 1만 원에서 2만 원에 되판다. 좀 잘 나가는 세도가 집은 남겨둔 폐꽃이 150개에서 170개쯤이다. 보통의 집은 20~30개 정도다. 폐꽃 처리 비용으로 얻는 수익이 월 2억 4천정도 된다."

―염습의 절차가 너무 복잡하더라.

"그렇다. 나도 장례지도사에게 물어본 일이 있다. '꼭 7매 듭에 21묶음을 묶어야 하나?' 그들도 왜 하는지 모르고 하더라. 칠성판만 해도 그렇다. 칠성판은 묘 터의 지기(地氣)를 억누르거나 사귀(邪鬼)를 쫓기 위한 것이다. 칠성판에 북두칠성 모양의 구멍을 뚫는 이유는 죽음을 관장하는 북두신(北斗神)에게 빌어 죽음을 구제받기 위한 것 아닌가?"

―그런데 그 짓을 왜 하나?

"돈 때문이다."(겁먹은 상주를 겁박해서 돈을 벌기 위한 것이란 다.)

―실제로 염습을 간단하게 할 방법이 있나?

"이전과 달리 화장이 대세가 된 시점에서 바로 다다음날 화장터로 가는데 그렇게까지 복잡하게 할 필요가 없는 게 맞다. 흐트러진 머리 빗겨주고 남자라면 면도해 주고 평상복 입히면 끝이다."

―그런데 콧구멍부터 시작해 몸의 모든 구멍을 틀어막고 하지 않나?

"그것도 그렇다. 장례를 집안에서 며칠간 치를 때 문제다. 암환자의 경우 복수가 찬 분들은 복수를 빼주고 막아

주어야 한다. 정상적인 죽음의 경우는 의미가 없다."

(이 부분은 저녁에 내 어머니에게 보충 인터뷰를 했다. 내 어머니는 교회 권사로서 염습 전문이었다. 큰 어머니 염습도 손수 하셨다. 동네방네 염습을 다 하셨다. 그것도 교장 선생님 사모님이. 계기가 있었다. 시골 교회 전도사가 부임한다는 날, 교인이 세상을 떴다. 염습해야 한다고 했더니 전도사는 겁을 먹고 짐도 안 풀고 내뺐다. 결국 내 어머니가 장례를 치러 주었다.)

-당시에는 몸의 구멍이란 구멍은 다 막았다면서요?

"그랬지. 돌아가시면 아랫목에 눕혔어. 가족들과 멀리서 온 친인척들이 보도록 했지(오늘날의 뷰잉인 셈이다). 3일이 되었을 때 입관을 했어. 그러니까 구멍을 막지 않으면 몸의 부종(붓기) 때문에 솜으로 몸의 구멍을 죄다 막았어. 그러지 않으면 관에 들어가지를 않았으니까."

-요새도 그렇게 해야 해요?

"손 놓은 지 오래돼서 난 모르지. 죄다 병원 장례식장에서 다 해주지 않냐? 더구나 뜨뜻한 아랫목도 아니고 냉동고에다 바로 집어넣고 다음날 입관하는데 뭘! 그렇게 고생할 필요 있겠어?"

장례의례준칙을 뛰어넘는 내 어머니의 한마디에 속이 시원했다.

땅 밑에서 벌어지고 있는 일

 열 길 물속은 알아도 한 길 사람 속은 모른다는 말이 있다. 땅 밑도 그렇다. 명당이라고 해서 값비싼 돈을 지불하고 장례를 치른다. 이런저런 사정으로 이장(移葬)을 해야 할 일이 생긴다. 땅 밑은 어떤 세상일까?

사진은 1, 2년도 아니고 묘를 쓴 지 28년이 지난 시신의 모습이다.

거기 '수몰 인간'이 있다. 관계자에 의하면 80%가 이 지경이라 한다. 옛적에는 파충류(뱀)의 공격을 피하기 위해 두꺼운 관을 썼다. 그것도 불안해 석회가루를 뿌린다. 관이 숨을 못 쉬게 되니 결로(結露)가 생긴다. 시간이 지나며 물이 차게 된다. 땅에 구멍을 뚫고 나니 물길을 잡아주는 꼴이 되어 물이 모이기도 한다.

이어지는 개장(改葬) 절차. 또 다시 시신을 꽁꽁 묶는다. 무슨 죄가 저리도 큰 것일까? 칠성판을 쓴다. 죽음의 신에게 맡겨 보호받지 못한 복을 또 다시 빈다. 참 염치없다. 그제야 화장터로 간다. 이어 숨막의 납골당.

현대판 부관참시(剖棺斬屍)가 아니고 무엇인가? 이제 비극은 멈추어야 한다.

수목장의 푸르른 세상

3

History

1998. 화장장려운동 시작(운동본부 출범)
2009.12 장사 등에 관한 법률[제 9847호] 개정
2010.2 자연장지 허가(2012-02호)
2014.7 팽목항, 하늘나라 우체통 설치
2015.3 엔딩 플래너 민간자격증(제 2015-001501호)
2015.3 임종휴가법안 제안
2018.7 사전연명의료의향서 작성 기관
2019.1 장례독립선언(일제 잔재 청산 및 기독교 장례모델 제안)
2019.2 안데르센 공원 묘원 개장
2020.5 하이패밀리 내 안치실 설치(호텔 막벨라)
2020.10 메멘토모리 기독시민연대 발족

수목장 내 미술관

무덤과 묘비의 기능

어떤 분들은 이렇게 말한다. '내가 죽고 나거든 화장한 다음 흔적도 없이 산야(山野)에 뿌려라.' (참고로 가톨릭은 골을 흩뿌리는 산골(散骨)과 남은 유골을 집에 보관하는 것도 금지한다.)

그러나 나는 이렇게 말해주고 싶다.

어떤 죽음은 '나 없이 내일을 살아가는 자들'을 향한 마지막 가해일 수 있다고. 앙드레 지드가 이렇게 거든다.

"내가 바른 선택을 하고자 한다면 선택하려는 그 하나만을 볼 것이 아니라 선택에서 제외되는 나머지를 살펴야 한다."

앙리 베르그송은 말한다. "시간은 기억이다." 그래서 좋은 삶은 좋은 기억을 많이 가진 삶이라 할 수 있다. 프랑스어로 행복(bonheur)은 '좋은(bon)' '시간(heur)'이다.

묘지와 비석은 좋은 시간의 '기억장치'인 셈이다. 유해를 끝까지 찾아내려는 눈물겨운 행위 역시 좋은 시간에 대한 몸부림이다. 거기 기억의 소환이 있다. 생각해 보라. 마음이 울적하고 떠나간 이가 그리울 때 찾아가 볼 곳이 있다는 것은 얼마나 큰 위로인가? 웬 슬픔이냐고? 아니다. 슬퍼야 한다. 슬픔은 한 번 더 사랑하라는 두 번째 기회여서다. 우리 모두는 사랑의 기억으로 엮여 있어야 한다. 그게 살아가는 삶의 방식이다.

하이패밀리 잔디장 모습

지구별 소풍 끝내는 날의 마지막 '기억장치'를 사전에 마련한 이들의 성구(聖句) 비석이 놓여있다. 부부가 나란히 누워 있는 모습이 한없이 평화롭다. '푸르른 초장에 누이시며'(시 23:2) 이름 옆 QR 코드에 스마트 폰을 갖다 대면 고인의 영상물이 나오도록 설계되어 있다.

흙이 전하는 말

죽음은 참 많은 것을 가르친다.
흙이 말한다.
어차피 한 줌 흙으로 돌아가니
움켜쥐지 말라고.

하이패밀리 수목장의 안치식에서 허토하는 장면

1 추모목에 담긴 이야기들

"국민의 6할이 아파트 위아래 옆 칸에 누가 사는지도 모르며 인간의 존엄보다는 푸시버튼의 편리함만을 추구하며 산다. 후손들의 어떤 사치나 편리성 때문에 죽어서까지 축소된 아파트 같은 층층이 포갠 납골당으로 간다. 조그만 유리 상자에 갇힌 망자의 답답함은 어디서 보상받을 수 있는지 알 바 아니다.(중략) 살아있는 나무는 고인의 살아있는 아바타이다. 비석을 세우지 않아도 사람보다 더 오래 남을 그 나무는 손주가 보고 싶은 할아버지의 기를 받을 수 있는 또 다른 얼굴이기 때문이다."

―조상호, 『숲을 살다』, 나남

수목장의 나무를 추모목이라 부르는 이유가 여기 있다.
'또 다른 얼굴'
하이패밀리 수목장《소풍가는 날》에는 5대 산딸나무, 소나무, 상수리나무, 벚꽃나무, 배롱나무가 심기어 있다.

도그우드에서 스토리 우드로 부활한 꽃 산딸나무

유홍준 교수는 『나의 문화유산 답사기』에서 꽃 산딸나무를 이렇게 소개한다.

 "본래 산딸나무는 개울가에 가지를 길게 늘어뜨리며 조용히 피어나는 음지식물이다. 그러나 산딸나무 홀로 자랄 때면 이처럼 적당한 크기로 자라 아름다운 관상수가 된다.
 처음 이 꽃을 본 사람은 청순한 자태와 해맑은 빛깔에 반해 그 곁을 떠날 줄 모른다. 다른 꽃은 꽃잎이 다섯 장이지만 이 꽃만은 네 장이어서 짝수가 주는 가녀린 느낌이 있다. 엄밀히 말하면 꽃이 아니라 꽃받침이 변한 것이고 꽃은 그 속에 꼭 딸기처럼 동그랗게 뭉쳐 있어 가을이면 빨갛게 물든다. 생물학적 사실이야 어떻든 하트 모양의 흰 꽃잎이 십자를 그리며 무리지어 피어날 때면 산딸나무의 청신한

모습은 흰 모자를 쓴 간호사를 연상케도 하고 때로는 성모 마리아를 대하는 고결함이 느껴지기도 한다. 대패질한 나뭇결은 잡티 하나 없이 깨끗해 예수가 못 박힌 나무가 산딸나무일 것이라는 이야기도 있다."

이때문에 기독교도인들 사이에서는 성스러운 나무로 여겨져서 한동안 교회에 많이 심겨진 나무다.

하지만 산딸나무는 예수님이 살던 지방과 같이 더운 지방에서는 살 수 없는 나무다. 낭설이었던 셈이다. 떠도는 말만 믿고 나무를 심었던 이들은 속았다는 생각에 나무를 베어버렸다. 이듬해였다. 남겨진 곳의 나무들은 이듬해 일제히 꽃으로 피어났다. 수십 수백 개의 세상에서 가장 아름다운 십자가를 만들어냈다. 얄팍한 사람들의 마음을 용서하기라도 하듯이.

산딸나무는 그렇게 해서 새롭게 태어났다. 원래의 도그우드(Dogwood)가 스토리우드(Story wood)로 변한 것이다. 꽃산딸나무의 화려한 부활이었다.

임금님 수랏상에 오른 상수리나무의 열매

'도토리 6형제'는 우리나라 전역에 분포하고 있는 대표적 낙엽성 식물이다. 참나무과 참나무속(Quercus)에 속한다. 갈참나무, 굴참나무, 떡갈나무, 상수리나무, 신갈나무, 졸참나무 등 6종을 일컬어 '참나무 6형제'라 부른다. '참나무'란 명칭은 6형제를 통칭하는 용어다.

상수리나무의 원래 이름은 '토리'였다. 임진왜란 때, 의주로 피난 간 선조(宣祖)는 먹을 음식을 구하지 못할 정도였다. 토리나무의 열매 토리로 만든 묵으로 배고픔을 견뎌냈다. 왜란(倭亂)이 끝나고 왕궁으로 돌아온 후에도 묵을 자주 찾았다. 토리묵이 수라상에 상시(常時)로 오르면서 '상수라'로 불렸다가 '상수리'로 불리게 되었다.

상수리나무는 성경에서 여러 번 언급된다. 때때로 능력과 힘을 상징한다.(아모스 2:9) 다볼산 상수리나무에서 얻은 목재는 질이 좋고 강해서 건축과 수공예품에 사용된다. 고대 시기에는 배를 건조하는데 사용되기도 한다.(에스겔 27:6)

그 쓰임새는 끝없어 열난방과 요리를 위한 고급 연료로도 사용되는 되는가 하면 포도주의 통틀을 만들기도 한다. 포도주는 상수리의 기운으로 숙성될 때 가장 맛이 뛰어났다. 이 때문에 끊임없이 벌목꾼들의 주 표적이 되었어도 위풍당당하게 살아남았다. 그렇게 해서 생명력의 상징이 되었다.

천년의 사랑 소나무

　모든 꽃들은 겹으로 뭉쳐 있을 때는 영원히 하나일 것 같다. 하지만 시들어 떨어질 때면 제각기 흩어지고 만다. 대표적인 게 일본 국화(國化)인 벚꽃이다. 바람만 불어도 나 몰라라 하고 어디론가 휑하니 사라지고 만다. 이와 달리 소나무 잎은 항상 두 겹이다. 낙엽이 져서 떨어져도 절대 홀로 떨어진 일이 없다. 전통 혼례에서 소나무 가지를 꺾어 올렸던 이유다. 두 사람이 사랑으로 하나 되었다면 죽음까지도 함께 하라는 뜻이었다.

　더구나 소나무에 붙은 별명이 '살아 오백 년, 죽어 오백 년'이다. 소나무의 수명은 천년을 간다. 두 사람의 사랑의 유효기간이 있다면 천년의 길고 긴 사랑을 이어가라는 뜻이었다. 결혼식장의 소나무가 수목장의 대표목이 된 것은 바로 이 때문이다. 두 사람의 천년의 사랑이 이어진 상징이다. 가문의 번성을 의미하기도 했다.

　소나무는 50년도 지나지 않아 쉬 잊어버리는 인간 군상들을 꾸짖고 있는 것은 아닐까? 수목장에서의 묵상이다.

팔만대장경을 빛낸 산벚나무

왕벚나무, 벚나무, 개벚나무, 올벚나무, 섬벚나무, 겹벚나무, 수양벚나무… 장미과 벚나무속(屬)이다. 숲속에는 산벚나무가 자생한다. 산벚나무는 재질이 매우 단단해서 팔만대장경의 경판으로 가장 많이 사용되었다. 나는 산을 오를 때마다 도종환 시인의 시로 산벚나무를 맞이하고 기린다.

산벚나무

아직 산벚나무 꽃은 피지 않았지만
개울물 흘러내리는 소리 들으며
가지마다 살갗에 화색이 도는 게 보인다
나무는 희망에 대하여 과장하지 않았지만
절망을 만나서도 작아지지 않았다
묵묵히 그것들의 한복판을 지나왔을 뿐이다
겨울에 대하여
또는 봄이 오는 소리에 대하여
호들갑 떨지 않았다
길이 보이지 않는다고 경박해지지 않고
길이 보이기 시작한다고 요란하지 않았다
묵묵히 묵묵히 걸어갈 줄 알았다
절망을 하찮게 여기지 않았듯
희망도 무서워할 줄 알면서*

*마지막 행은 중국의 대문호 루신(魯迅)의 글
『고향』에서 인용

사랑하면 보이는 배롱나무

하이패밀리 경내 투어를 찾은 이들에게 건네는 첫 말이 있다.

"아는 만큼 보인다. 하지만 보는 만큼 알진 못한다." 직원 교육 때도 자주 이 말을 한다. 이 아포리즘의 상징목이 생겼다. 배롱나무다.

    배롱나무를 알기 전까지는
    많은 나무들 중에 배롱나무가 눈에 보이지 않았습니다
    가장 뜨거울 때 가장 화사한 꽃을 피워놓고는
    가녀린 자태로 소리 없이 물러서 있는 모습을 발견하고
    남모르게 배롱나무를 좋아하게 되었는데
    그 뒤론 길 떠나면 어디서든 배롱나무가 눈에 들어왔습니다

    지루하고 먼 길을 갈 때면 으레 거기 서 있었고
    지치도록 걸어오고도 한 고개를 더 넘어야 할 때
    고갯마루에 꽃그늘을 만들어 놓고 기다리기도 하고
    갈림길에서 길을 잘못 들어 다른 길로 접어들면
    건너편에서 말없이 진분홍 꽃숭어리를 떨구며 서 있기도 했습니다

이제 그만 하던 일을 포기하고 싶어
혼자 외딴 섬을 찾아가던 날은
보아주는 이도 없는 곳에서 바닷바람 맞으며
혼자 꽃을 피우고 있었습니다
꽃은 누구를 위해 피우는 게 아니라고 말하듯

늘 다니던 길에 오래 전부터 피어 있어도
보이지 않다가 늦게사 배롱나무를 알게 된 뒤부터
배롱나무에게서 다시 배웁니다
사랑하면 보인다고
사랑하면 어디에 가 있어도
늘 거기 함께 있는 게 눈에 보인다고

―도종환, 배롱나무

    나는 이 시를 소개할 때마다 조선 정조 때의 선비 유한준(兪漢雋, 1732~1811) 말로 갈무리 한다.
    "사랑하면 알게 되고 알면 보이나니, 그때… 보이는 것은 전과 같지 않으리라."

　　　　　　나무수국은 우유 빛이다. 갓 태어난 아이의 뽀얀 피부를 닮았다. 시간이 흐르면서 핑크빛으로 재탄생한다. 홍조를 띤 소년 소녀의 얼굴만 같다. 색(色)만이 아니다. 어린 꽃송이를 탄생시킨다. 수국화에는 새 생명으로 피어날 아이들에 대한 그리움이 새겨져 있음을 알았다.
　　나무수국은 영하 40도에서도 견딘다. 모질고 힘든 항암제도 이겨내고 끝까지 희망을 잃지 않던 내 아이의 강인함이 오롯이 담겼다.
　　나무수국은 3~4m까지도 큰다. 늘씬한 키를 자랑한다. 여기에 잠들어 있는 동안에도 '쑥쑥 자라라'는 아빠 엄마의 응원가를 알아서일까? 여름 국화라고 불릴 정도로 길고 긴 개화 시간은 '하루만 곁에 더 머물게 해 달라'며 두 손 모았던 우리의 소망이었다.

나무수국의 꽃송이는 함지박만큼이나 크다. 내 아들과 딸의 얼굴을 쏙 빼닮았다. 나를 끌어안고 얼굴을 비벼대던 아이가 떠오른다. 혹 내가 어두운 밤길 헤맬까 봐 나를 비춰주는 보름달로 피어난 것일까? 이렇게 밝고 화사하다니… 내 아이의 수줍어하던 미소와 환한 웃음이 보인다.

나무수국 군락지는 친구들과 노는 재미에 빠져 재잘재잘 까르륵 까르륵 웃던 내 아이의 추억의 동산, 맞다. 내 아이를 보았으니 얼른 가서 아이가 먹고 배부를 밥을 지어야겠다.

2 안데르센 공원 묘원 단상

준우를 떠나보내며

"오빠, 꼭 만나"

일곱 살 난 주연이는 오빠 준우(9세)에게 그렇게 말했다. 눈에는 눈물이 그렁그렁 맺혔다. 유골함을 든 손은 오빠를 놓치지 않고 싶었는지 힘이 들어가 있었다. 할아버지·할머니는 할 말을 잊은 채 멍하니 하늘만 쳐다보고 있었다.

소아암이 발병한 지 9개월, 수술도 제대로 못 해보고 엄마와 동생 친구들을 뒤로하고 떠났다. 지난 목요일, 하이패밀리 수목장《안데르센 묘원》에 준우가 찾아와 잠들었다. 준우는 아픈 내내 기도했고 교회도 빠지지 않았단다. 난, 준우에게 꼭 들려주고 싶은 메시지가 있었다.

준우야, 약 500여 년 전 일이란다. 종교개혁을 일으킨 루터 목사님이 계셨어. 그 목사님의 작은 딸 이름이 막달레나였지. 그때는 지금 코로나 보다 더한 '페스트'로 수많은 사람들이 병들고 쓰러져 죽어갈 때란다.

루터 목사님은 이렇게 기도하지.

"주님, 제가 이 딸을 얼마나 사랑하는지 잘 아시지요? 하지만 제 딸을 데려가는 것이 당신 뜻이라면 기뻐하겠습니다.
내 딸 막달레나가 주님과 함께 있다는 것을
제가 잘 압니다."
루터 목사님은 침상에 누운 딸에게 말을 건네지.
"나의 작은 딸 막달레나,
너는 여기서 아빠인 나와 함께 있어서
기뻤을 거야.
하늘 아빠에게 가는 것도 기쁘겠지?"
막달레나가 뭐라고 한 줄 아니?
"네 아빠, 하늘 아빠가 원하시는 대로요."
그때… 아빠가 막달레나를 꼭 껴안고 속삭이지.
"너는 참으로 사랑스러운 아이구나."

너야말로 참으로 사랑스러운 아이더구나. 여기 너를 기억하는 많은 사람들이 함께 모여 너에게 감사의 말을 건네고 있단다. 이제 주사바늘의 두려움도 약의 매스꺼움도 잠 못 이루는 밤의 불안도 없이 편히 쉬렴.

—너와 만나자마자 헤어지는 아쉬움을 담은 송 목사가.

너무 이른 나이에 세상을 떠나면 '꽃으로 채 피어나기도 전'에 세상을 떠났다고 한다. 아니다. 그는 이미 꽃이었다. 빨리 피고 빨리 졌을 뿐. 그리고 세상에 미운 꽃은 하나도 없다.

 그래서 안데르센 묘원이나 하이패밀리 수목장은 꽃향기로 그윽하다. 나는 사랑하는 가족들의 마지막을 지켜보며 인문학에 물들고 사랑의 사도로 거듭 태어난다.

 나는 수목장의 묘원지기(동산지기)인 것이 참으로 자랑스럽다.

장후(葬後), 남겨놓아야 할 가장 값진 유산

4

•
•

친구 강승철(전 부산일보 편집기자)이 어머니를 떠나보냈다. 어머니가 떠나간 빈자리, 친구의 동생 강승남 시인이 《책갈피》라는 제목의 시를 썼다.

책갈피

아흔의 어머니 임종의 머리맡

평생 읽으시던 성경책

책갈피 끼어 있어

마지막으로 읽으신 말씀 펴보니

빨간 색연필로 밑줄 쳐 놓으신 말씀

'나는 선한 싸움을 다 싸우고

나의 달려갈 길을 다 마치고 믿음을 지켰으니'

어머니 한 평생은 선한 싸움이었구나
죽을 고비 몇 차례나 넘기며 내려온 피난길
청상의 나이에 어린 4남매 홀로 키우시며
남모르는 눈물과 기도로 살아오신 세월
어려서 소아마비를 앓아 업어키운
막내 승문이 목사가
어머니보다 앞서 천국 갔을 때도
그 모든 슬픔과 시련과 절통한 심정을
기도로 믿음으로 이겨내신 어머니
마지막 가시밭길 다 마치신 후
나의 믿음을 지켰노라 말씀하시네
선한 싸움 다 싸우고 승리하신 어머니
너무나 편안한 얼굴로
아들딸에게 가만히 들려주시는 말씀
슬퍼하지들 말아라
험한 세상길 힘들고 슬플 때에도
담대한 믿음으로 싸워서 이겨라
어린 4남매 데리고 가정예배 드리던
그날처럼 들려주시는 말씀 가슴 깊이 새기고
다음 페이지 넘겨보니 또 이런 말씀 있네
'이제 후로는 나를 위하여
의의 면류관이 예비되었으므로

주 곧 의로우신 재판장이 그 날에 내게 주실 것이며

내게만 아니라 주의 나타나심을 사모하는 모든 자에게도니라'

아아 의의 면류관 쓰신 어머니

천국 가시는 영광의 길 보이네

우리 또한 열심히 싸우며 가야 할 그 길

눈앞에 오롯이 보이네

어머니 말씀 마음속에

밑줄 치고 책갈피로 새기며

어머니께 마지막 인사드리네

어머니 정말 잘 싸우셨어요

어머니 사랑합니다

2020. 8. 4. 어머니를 보내드리며

둘째 아들 승남 씀

    달리 무엇을 말하랴? '낡은 성경책에 실려 엄마가 내게로 왔다.'고 밖에. 성경책을 읽다가 우리는 밑줄을 긋는다. 어떤 때는 동그라미도 친다. 부호를 새긴다. 그러다가 여백에 메모를 남긴다. 만일 루터나 칼뱅이 소장했던 책에 그가 남긴 자필 흔적이 있다면 그 가치는 얼마이겠는가? 난, 메모를 '책 속의 책'이라 부른다. 엄마가 그은 밑줄이 내 생애의 나침반이 된다. 그러다가 나도 내 삶에 밑줄을 그어 살게 된다. 낡은 성경책은 부모님이 남길 수 있는 최고의 유산이다. 어디 이뿐이랴? 진정한 유산은 집문서, 땅문서가 아니다. 추억의 유산이 있다. 관계의 유산이 있고 리더십의 유산도 있다. 아니 습관의 유산이나 건강의 유산은 또 어떤가?

장후(葬後)를 가장 멋지게 장식할 삶의 현장은 유언장이다. 이런 생활 유언장은 어떨까?

이른 새벽, 두 아들에게 남기는 아빠의 유언장

사랑하는 두 아들에게.

늦은 밤, 아빠 까까머리 친구에게서 온 카톡 편지다.

"큰 깨우침을 준 친구 목사야 고맙다.

사실 박 권사 놀라게 하려고 박 권사 몰래

제자가 운영하는 여행사 사장에게 태국 푸켓 여행을 결혼 35주년 기념으로 갈라고 했는데…

모든 계획 다 짜놓고서리 점수 좀 따려고 한 것 나가리 됐다.

근데 니가 고맙다.

푸켓의 피피 섬이 아무리 좋아도

전 세계에 하나뿐인 종교개혁500주년 기념교회(4월 20일 설립 예배를 드리게 될)보다 좋것나?

아무튼 부족한 우리 부부를 세계에서 가장 아름다운 교회로 거창하게 초대해 줘서 매우 고맙다.

예배 마무리하면서 성령 감동의 난생 처음 받아본 축도도 너무 아름다웠다.

좋은 밤 되도록 해라.

이번 결혼 35주년 여행은 그 어느 때보다 더 주님께 감사드리는 뜻 깊은 결혼기념 여행이 될 듯싶다.

여행비는 낼께. 선불로~~^^ "

―친구 김병태 장로

아빠가 너희에게 물려줄 것은 이런 '관계의 유산'.

언젠가 아빠가 어떻게 살아왔는지 좋은 증표가 되겠지. 한편 너희들에게도 이런 축복이 흘러넘치기를 기도한다.

아빤 지금까지도 행복하게 살아왔고 남은 세월도 행복하게 살아 갈 것이다.

그리고 아빠의 소원 한 가지.

아빠의 삶이 지금까지도 받아왔던 삶이라면 남은 생애는 더 많이 베풀고 살 수 있기를…

그래서 나의 모교이자 외할아버지가 평생 교수로 근무하셨던 고신대학에 장학금도 내놓고 장학재단도 세우고 싶다. 행여 아빠가 이루지 못하면 아빠 사후(死後)에라도 이 일을 너희들이 이루어 다오.

아빠의 장례 비용은 최소화해라. 이미 아빠가 만들어 놓은 수목장지도 있으니, 모든 장례 비용을 여기에 써 다오.

뜬금없는 편지에 놀라겠다만… 오늘은 만우절(萬愚節)이 아닌 '求4.1生'의 유언의 날이다. 이 또한 아빠가 아이디어를 내서 만든 기념일이다.

찬아, 준아!

삶의 자리에서 죽음을 들여다보면 죽음은 한없이 초라한 것이지만 죽음의 자리에서 삶을 들여다보면 삶은 참으로 아름다워진다.

그래서 남기는 아빠의 조크 하나.

"죽는 걸 왜 걱정해? 살아있는 동안엔 죽지 않을 텐데"

2017년 4월 1일
사랑하는 아빠가.

추신: 앞으로 살아가면서 아빠의 친구 가족들 만나거든
너희 둘의 지갑부터 먼저 열어라.

참고로 우리나라의 유언장 작성 비율이 3~5%에 불과하다. 미국의 55%에 비하면 한참 모자란다. 일본 작가 카주미 야마구치는 『중년, 꼭 한 번은 유언장을 써라』에서 이렇게 충고한다.

"유언장이 비단 남겨진 이들과의 아름다운 이별을 위한 것만은 아니다. 유언장 작성이 인생의 중간 결산이자 남은 절반의 인생을 한층 더 멋지고 뜻 깊게 살아가기 위해 반드시 해볼 만한 일이다."

유언장은 쓰는 순간 자신의 삶에 생기를 불어 넣는 행위다. 새로운 삶의 창조가 뒤따른다. 그에게 오늘은 남은 날의 첫 번째 날이 된다.

납량 특집 – 본인 장례식

　아니! 저 영정 속 인물이 내가 아닌가? 그럼 내가 죽었단 말인가?

　박 회장은 소스라치게 놀랐다. 그러고 보니 자신은 지금 대학병원 장례식장 천장에 떠 있다. 평소 몸이 천근만근 무거웠는데 지금은 풍선처럼 가볍다. 분명 육체는 없는데 몸의 감각은 생시 같고 사고도 멀쩡하다.

　아뿔싸! 내가 죽었다면 이 일을 어쩐다? 회사 지배구조 바꾸느라 뒤집어놓은 지분관계가 여간 복잡하지 않는데. 잘못하면 회사 다 뜯어 먹히고 말 텐데.

　하청업체 쥐어짜고 툭하면 임금 깎던 악덕기업주 장례식 오니 칭송하는 이 하나 없고 처자식도 우는 시늉뿐 유산 다툼 벌이네.

　중견기업 오너인 박 회장은 생시같이 안타까워하며 천장에서 내려와 자신의 영정이 있는 곳으로 다가갔다. 영정 속 사진이 수많은 국화 송이에 둘러싸여 환하게 웃고 있다. 마누라가 흐느껴 우네. 티격태격 살긴 했지만 날 진심으로 사랑했던 모양이구려. 아직 자태가 곱기도 하지. 하긴 나보다 여덟 살 아래이니 마흔아홉 아닌가. 우리 아들딸도 슬픔에 잠겨 있네. 허이고, 문상객이 많이도 왔구나. 내가 인생을 헛산 건 아닌 모양이구먼!

　저기 납품업체 사장들이 다 모여 있네. '어이 안녕하신가? 고맙네. 회사일 바쁜데 이렇게들 와주시고.' 그들 사이에 끼어들었지만 아무도 박 회장 존재를 알아주지 않는다.

"그 참 암이란 게 무서운 병이구먼. 수술 경과도 좋다더니 어째 저리 갑자기 가 버리나 그래?" "누가 아니래. 돈이 아무리 많으면 뭣하는가. 저렇게 죽으면 개죽음이지." "아, 유병언이 욕할 거 하나도 없어. 저 잘살겠다고 주위 사람 피멍 들게 하더니만. 납품 가격 독하게 후려쳐서 결국 그 유 사장인가 그 사람 자살했잖어?" 박 회장은 얼굴을 붉히며 자리를 떴다.

아니 저 저 쳐 죽일 놈이! 제 버릇 개 못 준다더니 상갓집에서까지 남의 마누라를 탐해! 박 회장 부인의 미모에 끌려 젊어서부터 군침을 흘리던 업계 라이벌 천 사장이다. 테이블로 인사 온 박 회장 부인을 색정 어린 눈으로 바라보며 은근슬쩍 구슬리고 있다. 아니 저 여편네도 그렇지. 말 같잖은 말을 다 듣고 있나 그래!

밤이 깊었는데도 사람들로 북적인다. 앞으로도 관계 유지를 잘해야 먹고살 이른바 눈도장 문상객이다.

아이쿠 강남 김 마담, 청담동 새끼 마담도 왔네?

"이렇게 갈 거면서 염병할? 가게 하나 열어줄 듯 줄 듯 뜸은 왜 그렇게 들였나. 할 짓 못 할 짓 다 해줬건만."

저 새끼 마담한테는 정말 미안하게 됐구나. 퇴원하면 가게 낼 돈 주려고 했는데 쯧쯧쯧. 가만있자. 아이쿠 저 김 마담, 저 여자 이름으로 사둔 자사주가 수십억어치는 될 텐데 이걸 어쩐다. 십중팔구 꿀꺽할 여잔데. 저쪽 구석에 앉은 정 아무개는 멀리 강원도에서 불원천리 찾아왔네. 고맙기도 하지. 아차차 그게 아니야.

저치가 강원도 내 땅 10만 평 차명으로 갖고 있잖은가. 에구 그 땅도 남 좋은 일 시키고 말았네. 화환이 많이도 들어오네. 저기 꽃 배달 온 저자는 최 상무 아닌가? 7, 8년 전 실적 나쁘다고 내가 쫓아낸 그 영업담당… 고생을 해선지 많이도 늙었구나. 늦었지만 여보게 미안하이.

"박 회장 말이야. 매출이 조금만 나쁘면 사람 자르고 임금 깎더니 제명에 못 살고 가부렀네. 하늘도 치부책에 다 적어놓는다 잖아. 마음을 곱게 써야제." 회사 직원들이 한 무더기 빠져나가면서 쓴소리를 뱉어낸다.

"너희들 아직 어려서 물정을 모를 테니 장례 끝나면 회사는 내가 상속해서 회장으로 취임하마."

"엄마 그건 안 돼요. 엄마는 아빠를 진짜 사랑한 것도 아니잖아요. 그리고 장남인 내가 물려받는 게 대외적으로 더 낫다고요." "엄마 오빠 둘만 그러지 말고 이참에 저한테도 법대로 지분 나눠주세요."

문상객이 다 떠난 텅 빈 영안실. 처자식이 다투는 소리를 뒤로하고 박 회장은 돌아섰다. 수의(壽衣)에 주머니가 없는 이유를 알겠구나. 다 놓고 갈 걸 뭐한다고, 누굴 위해 그리도 독하게 살았던고.

―전호림(전 매경출판 대표, 현 「매일경제신문」 고문)

기왕이면
대통령의
죽음을 죽자.

Part 004

미국 대통령은 취임하는 순간 '죽음 계획'을 세운다. 대통령의 유고상황은 국가의 재난이기 때문이다. 대통령의 장례는 자신을 선출해준 국민과의 마지막 대화다. 그래서 엄중하다. 나라의 품격이 담긴다. 죽음이 그 나라의 역사가 되고 유산이 된다.

벤자민 프랭클린이 말했다. "준비의 실패는 실패의 준비"라고.

나는 현대판 『미드라쉬』 하나를 들려주고 싶다.

백악관에서 동쪽으로 떨어진 워싱턴 DC 14번가 650번지에 위치한 양복점이 하나 있다. 양복점의 주인 조르주 드 파리(Georges de Paris)는 '대통령의 디자이너'란 이름에 걸맞게 개성 강한 패션 감각으로 정평이 나 있다.

한 고객이 찾아와 당시 대통령이 입은 옷과 똑같은 정장을 주문한다. 조르주 드 파리는 말한다.

"당신을 대통령으로 만들 수 없지만 당신을 위한 대통령의 옷을 만들 수는 있습니다."

우리 모두가 대통령이 될 수는 없다. 하지만 대통령의 죽음을 죽을 수는 있다.

코로나19가 바꾸어 놓은 장례 풍경

1

-
-

심리학에 '경로 의존성(path dependency)'이 있다. 처음 길이 만들어지면 그 길로만 가려는 경향을 이른다. 어쩌면 인간의 게으름일 수 있고 두려움일 수 있다. 편한 게 좋은 거다. 따라하면 욕 얻어먹을 일이 없다. 한 번 정해진 기준과 규칙은 천년 이천년을 지배하고 다스린다. 2000년 전 로마의 마차가 2000년 후, 우주선까지 영향을 미친 것이 대표적 사례다.

2000년 전, 로마 도로가 만들어진다. 폭을 정해야 했다. 이때 등장한 것이 마차를 끌던 말 두 마리의 엉덩이 폭이다. 19세기 영국, 이번에는 철도가 탄생한다. 역시 말이 끄는 광산용 수레의 폭을 기준으로 삼게 된다. 21세기 우주선 시대, 2007년 인데버 호를 쏘아 올린다. 이때 추진 로켓 폭이 딱 143.51cm였다. 기차 철로 폭이었다. 더 큰 추진 로켓을 원하는 과학자들의 바람은 말 두 마리 엉덩이에 갇히고 말았다.

 장례식이 그렇다. 한 번 시작된 병원 장례식이 편하다. 이미 익숙해버렸다. 수의 대신 평상복 입기 운동에서부터 시작해 장례를 바꾸자는 제안이 많았다. 장례 속에 스며든 일제 잔재를 청산하자는 장례의 독립선언도 다 묻혀 버렸다. 도무지 변할 것 같지 않던 장례문화에 변화가 찾아온 것은 뜻밖에도 코로나였다.
 장례법에 의하면 의사의 사망진단이 있은 후 24시간 이내에 화장할 수 없다. 부검의 이유가 발생할 수 있어서다. 코로나는 이 기준을 무너뜨렸다. 코로나19 사망자는 24시간 이후가 아닌 4시간 이전에 화장을 해야 한다. 감염 확산의 방지와 사회 불안요인을 차단하기 위한 조처다. 이래서 나타난 것이 '선 화장, 후 장례'다. 자연스레 장례의 통과의례인 염습이 사라졌다. '무염습' '무빈소' 장례가 나타났다. 집합금지 명령에 따라 조문객이 줄면서 작은 장례(가족장)가 등장했다. 치러보니 좋았다. 3단짜리 국화 전시 등 허례와 허영이 사라졌다. 환대라 하기에는 찜찜한 국밥 한 그릇의 판박이 접대가 사라졌다. 마음의 애도가 다가왔다. 사라진 것은 또 있다. 장례 3일째 되는 날 새벽부터 설쳐 화장장으로 오가야하는 일곱 시간의 끔찍한 장례 노동에서 해방되었다. 사라진 자리에 찾아든 것은 가족끼리의 진정한 추모였다. 북적이는 손님과 형식에 갇혀 있던 고인이 돌아왔다. 그리고 보니 그동안 장례는 고인 없는 공장(空葬)이었음도 알게 되었다. 덮어쓰고 벙어리 냉가슴 앓던 바가지 장례식장 비용 걱정도 사라졌다. 장례의 혁명이다.

잠깐의 어지럼증은 있겠지만 분명한 것은 이미 변화는 시작되었다. '장례마저…' 하고 탄식(?)할 일은 아니다. 분명 좋은 쪽으로 흘러갈 것이니까 말이다. 스스로를 '사회적 마음을 캐는 광부'라고 부르는 이가 있다. 국내 최고의 빅데이터 해석가인 송길영 님이다. 그가 최근 데이터를 통해 관찰한 우리 삶의 변화 중 흥미로운 것은 '회식'이 지고 '홈 파티'가 뜬다고 분석했다.

"즐거운 사람과 격의 없는 모임을 갖는 비공식 만남은 포기할 수 없는 즐거움인지라 이 어려운 시기에도 꾸준히 오르고 있는 것이죠. 이렇듯 수직적 문화의 '회식'은 계속 줄어들고 있지만 수평적 취향 공동체들의 '홈 파티'는 꾸준히 늘고 있는 것을 통해서도 우리의 '욕망'이 주체가 되어 만들어낸 삶의 변화를 확인할 수 있습니다. 여기서 우리가 배울 수 있는 가장 큰 교훈은 환경이 바뀐다고 해서 그 결과가 모두 한가지 것으로 귀결되는 것은 아니라는 사실입니다."

아리스토텔레스는 '인간은 장례를 행하는 동물'이라고 설파했다.

장례, 절대 사라지지 않을 것이다. 그러나 변화는 찾아올 것이다. 아니 이미 와 있다.

장례 휴가를 거부하신
주님의 마음을 읽자

2

"제자 중에 또 한 사람이 이르되, 주여! 내가 먼저 가서 내 아버지를 장사하게 허락하옵소서. 예수께서 이르시되, 죽은 자들이 그들의 죽은 자들을 장사하게 하고 너는 나를 따르라 하시니라."(마 8:21~22, 눅 9:59~60)

언뜻 헷갈리는 본문 중 하나다. 하지만 당시 장례 풍습으로 들여다보면 놀랄 일도 아니다. 유대인은 사람이 죽으면 당일 장사(葬事)를 지냈다. 기후조건이 이틀 삼 일을 기다려 주지 않는다. 또한 당시는 가족 동굴장이 대부분이었다. 장사한 지 1년이 지난다. 살은 썩고 뼈만 남게 된다. 이때 유골함에 넣게 된다. 이를 2차 장사라 했다. 장사가 두 번 행해지는 셈이다.

제자 중 하나가 장례를 위한 휴가를 요청한다. 한마디로 말해 '2차 장사'가 휴가 사유다. 예수님은 매몰차게 거절하신다. 고덕길 목사는 이렇게 해석한다.

"랍비 문헌에 따르면, 육체의 살이 썩어 분해되는 것은 죽은 자의 죄가 구속되는 성화의 과정이며 그 마지막 단계는 뼈를 모아 유골함에 넣는 것이었다. 이로써 성화가 완성된다고 보았다. 예수께서는 이와 같은 당시 유대인들의 장례 신학에 반대하셨던 것이다. 십자가 위에서 이루신 그리스도의 구속 사역에 대한 신앙만이 죄를 속죄 할 수 있기 때문이다. 예수께서 그 제자에게 가혹할 정도의 말씀을 하신 이유는 그가 불필요한 장례 관습을 따르려 했으며, 이것은 옳지 않은 신앙이고 더욱이 그릇된 신학에 바탕을 둔 것이기 때문이었다."

―《죽은 자들이 그들의 죽은 자들을 장사하게 하라》중에서

나는 예수님이 지금 우리의 장례식을 놓고도 매우 노여워하실 것이란 생각을 한다. 무엇을 가장 노여워하실까?

1. 작별인사도 없이 지구별 소풍을 끝낸 무례에 대해 화내실 것이다.

갑작스런 죽음은 남은 자들에게 대한 형벌이 된다. 가족은 재산 싸움으로 원수가 된다. 사랑을 남기고 떠나야 할 이들이 싸움과 분쟁을 남긴다. 꼴사나운 일이 한둘이 아니다. '나 없이 내일이 시작될 때'를 생각하며 유언장을 남기

는 문화가 확장되어야 한다. 안타깝게도 유언장 작성이 1%도 안 되는 나라가 한국이다. 선진국에서는 50%가 넘는다.

사전연명의료의향서 작성, 장례·장묘, 장기기증 등 아름다운 마무리를 교회가 도와야 한다. 하이패밀리의 《메멘토모리 스쿨》이 좋은 사례다.

2. 혼합잡탕식의 국적 없는 상·장례에 탄식하며 역겨워 하실 것이다.

초우제(初虞祭) 재우제(再虞祭) 삼우제(三虞祭) 졸곡제(卒哭祭) 부제(祔祭) 소상(小祥) 대상(大祥) 담제(禫祭) 길제(吉祭) 연상(練祥)… 열 가지도 넘는 상중제의다. 삼우제(三虞祭)는 그 가운데 하나다. '석 삼(三)', '우제 지낼 우(虞)', '제사 제(祭)'가 결합된 단어다. '우제'란 유교 제사 용어다. 장례 당일에 지내는 제사가 '초우(初虞)'다. 그 다음날 지내는 제사를 '재우(再虞)', 셋째 날 지내는 제사를 '삼우(三虞)'라 한다. 시신을 매장한 뒤 죽은 자의 혼이 방황할 것을 염려하여 편안히 모시는 제사다. 임종예배, 입관예배, 위로예배, 발인예배, 하관예배… 예배를 남발·남용해 놓고는 마지막은 유교의 삼우제로 마무리 짓는 장례식, 내 생각에 죽음이 배꼽을 잡을 것만 같다.

극소수라 하겠지만 불교의 49재까지 있다. 천도재(遷度齋)로도 불리는 49재는 재계할 재(齋), 법도 도(度), 옮길 천

(遷)을 써서 좋은 세계로 옮겨 드리는 불공을 뜻한다. 사람이 죽고 나면 사후에 7번의 재판을 받는다. 심판관이 다 다르다. 일곱 번의 재판이 끝나야 극락행인지 지옥행인지가 결정 난다. 다섯 번째 심판관이 염라대왕이다. 이 과정을 거쳐서 비로소 탈상(脫喪)한다고 여긴다. 이 잘못된 관행과 용어들을 입에서 지워내는 일이 '거룩히 여김을 받으시오며'를 기도할 자세가 아닐까?

3. 이름은 자연장이라고 해 놓고 자연 파괴를 일삼는 이들을 심히 나무라실 것이다.

1회용품의 음식 접대, 장묘·조문 때 쓰는 생화 아닌 플라스틱 조화가 환경 파괴의 주범이다. 생명운동과는 거리가 멀다. 더구나 죽은 자에게 죽은 꽃(조화)를 갖다 바치는 것은 모욕이다. '(여전히) 당신은 내게 살아 있습니다.'는 의미에서 생화를 들고 가야 한다. 싸구려 조화를 갖다 꽂아놓고 한식일이나 중추절에 우르르 몰려가 단체 급식하듯 단체 조문하는 한국의 명절 문화를 주님은 이해하실까? 그러니까 빽빽한 납골당은 줄을 서서 3분짜리 면회를 하고 나오는 꼴이다. 죽음이 이렇게 가벼울 수 있을까? 서너 시간 기다렸다가 몇 마디 듣고 처방전 들고 나오는 대학병원 진료와 다를 바 없다. 웃긴다. 아니 가소롭다.

조문 문화도 바뀌어야 한다. 고인의 돌아가신 날을 중심으로 가족들이 함께 할 수 있는 시간을 내서 방문하는 게 어떨까? 뉴욕, 9·11 메모리얼 뮤지엄은 생일 맞은 희생자에게 꽃을 헌정한다. 품격이 다르다. 이렇게 명절 중심이 아닌 기념일 중심으로 추모를 전환하면 교통유발과 사망률도 줄일 수 있다. 아니 명절에 몰려 일으키는 가족 불화를 절반은 줄일 수 있을 것이다.

다른 이들은 몰라도 평일에는 가정사역자, 밤에는 관리인, 명절에는 묘지 관리인으로 살아온 나는 주님의 분노를 조금은 이해할 수 있다.
"이 죽일넘들!"

청란교회 장례 지침

 '장례는 그 집안의 마지막 얼굴'이라는 말이 있다.
청란교회는 성경적이고 아름다운 장례문화와 장례 절차를 다음과 같이 제정한다.

중심 성구
"성도의 죽는 것을 여호와께서 귀중히 보시는도다."(시 116:15)
"의인은 그 '죽음'에도 소망이 있느니라."(잠언 14:32)

장례문화
❶ 천국의 소망을 가진 청란인은 고품격 장례문화를 통해 참된 하늘의 위로와 천국 잔치를 미리 맛보며 경험한다.
❷ 일제시대의 잔재, 유불교의 허례허식, 반 기독교적 요소들에서 벗어나 기독교 장례문화를 만들어낸다.
❸ 청란인들은 '죽음도 실력이다'는 믿음을 따라 평소 유언의 날(4월 1일) 지키기, '해피엔딩 스쿨' 등으로 죽음 지수를 높여 행복 인생을 가꾸어 산다.
❹ 죽음이 가까왔을 때, '내 생애 마지막 세족식'으로 온 가족이 유훈과 함께 축복의 시간을 갖는다.

장례 절차

❺ 청란인들은 집안에 장례가 났을 때 가장 먼저 교회에 알리고 장례위원회의 지도를 따른다.

❻ 허겁지겁 치르는 장례가 아닌, 준비된 장례를 치른다. 유족들은 임종 후 첫 하루를 가족끼리 충분한 애도와 치유의 시간을 가진다.

❼ 청란인들은 병원 장례보다는 '교회에서의 가족장'을 우선한다. 교회는 시신 안치실에서부터 접객실, 접견실, 유족의 숙소 등을 준비하는 일로 최대한 지원한다.

❽ 장례예배는 '천국환송예배'로 드리며 장소는 교회 본당과 부속시설(카페, 게스트 룸, 아너스 클럽 로비, 어닝 광장, 청란교회 등)을 사용한다.

❾ 가족 중 신앙을 갖지 못하거나 타 종교를 가진 자를 배려하며 신앙의 본으로 가족간의 평화를 지키는 일에 지혜를 구한다.

❿ 염습은 생략하거나 간편하게 하며 사후(死後) 메이크업으로 마무리한다. 수의는 죄수복인 삼베옷 대신 고인이 즐겨 입었던 평상복이나 가장 아름다운 옷으로 입힌다.

⓫ 입관 또는 뷰잉(Viewing)은 고인을 마지막으로 대면하는 시간으로 가족 친지와 지인들을 중심으로 한다.

⓬ 입관이 끝나면 유족들의 심리적 충격을 최소화하기 위하여 장례위원회가 화장 절차를 책임지며 유골함을 유가족에게 건넨다.

⓭ 장례식장에 화환과 꽃 장식은 배제하며 성경 구절이 담긴 '메

시지 병풍'으로 격을 갖춘다. 고인의 영정사진 외에 준비된 이젤 위에 고인의 추억의 사진을 전시하여 고인의 삶을 빛나게 한다.

❶❹ 헌화는 일본 황실을 상징하는 흰 국화꽃이 아닌, 고인이 좋아했던 꽃과 고인의 추억이 담긴 꽃으로 한다.

❶❺ 조문객에 대한 접대는 환대의 정신을 따라 정성을 다한다. '맛기행'으로 지역사회 경제 활성화에 기여한다.

❶❻ 장례예배는 장엄하면서 밝은 분위기로 이끌며 가족(자녀)들의 고인을 기억하는 추모사가 있어야 한다.

❶❼ 안치식은 기도한 후 허토와 함께 와비(臥碑)를 놓는 것으로 마무리 한다.

❶❽ 유가족들은 교회가 마련한 애도 프로그램을 통해 마음을 치유하고 회복하는 충분한 시간을 갖는다.

참여 방법

❶❾ 청란교회의 장례 시설과 예식은 청란교회에 등록된 교인으로 직계가족에 한한다.

❷⓪ 예식에 관한 교회의 지침을 따르며 세부적 내용(추모의 방식, 조가팀, 운구 방식, 예배 형식 등)은 장례위원회의 도움을 구한다.

❷① 절약한 장례 비용은 '사람은 가도 사랑은 남는다'는 철학을 따라 교회(행가래 장학재단)나 선교단체, 사회(모교 등)에 환원하여 고인의 이름을 빛낸다.

본 지침은 3·1절 100주년을 맞이한 2019년 3월 1일 청란교회 가족들의 뜻을 모아 제정되었다.

임종 세족식(洗足式)을!

 임종(臨終)의 의미는 이렇게 정의된다.
❶ 죽음을 맞이함
❷ 부모가 돌아가실 때 그 곁을 지키고 있음(終身).

유가족들은 두 번째 의미의 임종을 못한 것을 가장 큰 아쉬움으로 여긴다. 평생 죄의식처럼 유가족을 괴롭히기도 한다.

과거 농경사회에서는 임종예배가 가능했다. 어울려 살았고 집에서 숨을 거두었다. 자정을 넘긴 시간이라도 목회자는 달려가 마지막 순간을 지키며 기도하고 예배했다. 그러나 지금은 거의 불가능하다. 그런데도 임종예배는 드려진다. 한마디로 가짜다. 뒤늦게 예배의 틀을 빌려 통과의례를 치르고 있는 셈이다.

의학의 발달은 죽음을 예측할 수 있게 도와준다. 기상예보처럼 비교적 정확하다. 믿음의 가족들에게 3개월 또는 6개월이 남았다는 의사의 통보는 마치 천국초청장과 같다. 임시직에서 상근직으로 전환이기도 하다. 이때… 목회자의 인도 하에 예수님이 그러하셨든 가족들을 모아《세족식》을 먼저 할 수 없을까? 대략을 스케치해 보면 이렇다.

1. 가족들이 다 함께 할 수 있는 시간에 모두 모인다.
2. 목회자가 세족식을 집례한다. 이력서(履歷書)란 한자어가 말하듯이 '발로 다닌 역사'다. 가족들에게 그간의 미담과 비화도

건네주며 목회자와 온 가족들이 아버지 또는 어머니의 발을 씻겨준다. 물론 성경의 세족식에 대한 배경 설명이 있게 된다.

3. 이어 부모가 그 자녀들의 발을 하나하나 씻겨주며 축복의 말을 건넨다.

4. 교회는 목회자 또는 작은 찬양팀이 세족식을 돕는다던지 카메라와 비디오로 극적인 순간을 영상으로 담아 건넨다.

어떤 효과가 있을까? 불현듯 찾아온 죽음 앞에 가족들은 당황하지 않게 된다. 임종하지 못한 일에 대한 죄책감을 덜어줄 수 있다. 목회력의 회복이 있다. 이전에 목회자들의 몫이었던 염습 이상으로 큰 감동을 안길 수 있다. 정신이 말똥말똥할 때 나누어진 세족식의 장면과 당부의 말들은 자녀들에게 가장 아름다운 유훈(遺訓)이자 유산이 된다. 이보다 더 좋은 죽음 준비 교육은 없다.

하이패밀리의 첫 장례, '함박웃음'이 되다

3

●

●

"나는 여기 있었고
존재했으며
젊었고 행복했다.
그리고 이 세상에서 내 사진을 찍을 만큼
날 위해주는 사람이 있었다."

─영화《스토커(One Hour Photo)》, (2002)

사진이 전하는 메시지다. 사진에는 삶의 이야기와 세월이 담겨있다. 사진은 '행복의 나이테'이기도 하고 '사랑의 지문'이기도 하다. 사진 한 장은 참 많은 것을 전해준다.

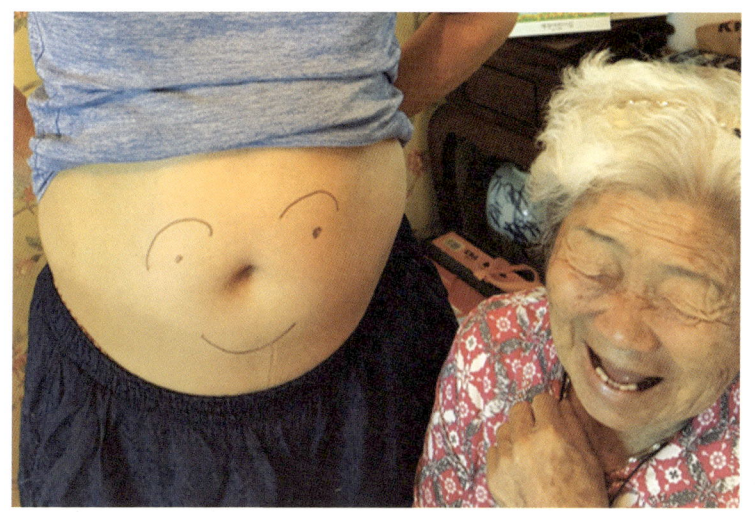

　손주 녀석과 장난이려니 했다. 그런데 아니었다. 뜻밖에도 70 촌로가 다 된 장남의 퍼포먼스였다. '원 세상에…' 어머니(95세)는 아들의 장난기 어린 행동에 마냥 웃기만 하신다. 주저 없이 주제가 정해졌다. 아들되는 이요일 님에게 들었다.

　"어머니는 한글을 못 깨우치셨어요. 전쟁세대잖아요. 그래도 영어로 농담을 하실 정도였어요."

　그러고 보니 모든 사진들이 웃음으로 넘쳐났다. 주저할 것도 없이 주제가 정해졌다.

　"함박웃음"

지난 10월 19일, 어머니가 위태롭다는 이야기를 전해 들었다. 장례에 대한 상담이 있었고 이내 동생 이요한의 제안으로 가족들과 시간을 가지며 장례를 맡기로 했다. 내 생애 처음 맡아본 장례 기획이었다. 내 생애 첫 타이틀이 하나 늘었다.《엔딩 플래너》

가족들이 모여 준비된 브리핑과 함께 간단한 장례 콘셉트을 함께 나누었다. 일종의 가족 단위 죽음교육이었다. 곧 돌아가실 거란 의사의 전갈에 며칠째 비상대기조로 전화기를 켜두고 외부 스케줄도 자제를 하면서 대기했다. 그런데 벌써 한 달 반을 넘기고 있다. 가족들도 조금은 긴장이 풀리면서 그래도 추운 겨울이 아니었으면 하고 소망한다. 자연히 나는 이 가족을 위해 기도해야 한다. 기도하다보면 나도 모르게 웃음이 피식 나온다. 장례업을 하는 교인 집에 가서 축복 기도를 하던 목사가 자신도 모르게 멈칫거린다.

"주여, 이 장례업을 축복하사 늘 사람들로 차고 넘치게 해 주소서."

이런 날벼락이 어디 있나? 목사가 사람들 죽으라는 기도를 하다니… 내가 그 꼴이다. "어머니가 속히 주님 품에 안기게 해 주시고…." 이렇게 기도할 수는 없지 않은가? 겨우 자제를 하고서 말씀드렸다.

"어머니는 참 욕심도 많으시네요. 우리가 완벽한 준비를 할 때까지 기다리시는 거 아네요?"

그래서 낄낄대고 웃는다. 미켈란젤로의 철학대로 삶이 즐거웠다면 죽음도 즐거워야 하지 않은가?

아무래도 장례식장은 함박웃음으로 가득찰 것이 뻔하다. 아니 펀(fun)하다.

> 이제부터는 그냥
> 웃기만 하기로 했다
> 실성했다 해도
> 허파에 바람 들었다 해도
> 이제부터는 그냥
> 웃기만 하기로 했다
> 내가 가는 길
> 훤히 트이어 잘 보이므로
> ―허형만

함박웃음은 어머니가 주고 간 가장 값진 유산이었다.

Florist: 김미송

장례식의 키워드:
품위-애도와 치유-환대

4

-
-

　　　　　장례식에서 제일 중요한 사람은 고인과 유가족 그리고 조문객이다. 이들 각자는 다 존중받아야 한다. 고인은 품격과 품위(dignity)로 추모를 다한다. 유가족의 슬픔(grief, 비통·큰 슬픔·비탄)은 치유로 이끌어 준다. 조문객은 환대(hospitality, 환대·후대)로 그 동안의 보살핌과 사랑을 감사한다.

　'존엄함', '슬픔', '환대'

1 다르기만 했던 장례식장 풍경

　"아니, 이게 장례식이야? 결혼식이지."
　조문객들의 입에서 나온 첫마디다. 곳곳에서 웃음소리가 들렸다. 호상(好喪)이어서만은 아니었다. 장례식장 곳곳에 고인의 웃음 사진이 놓여 있었다. 고인의 삶이 그러했기에 그가 남긴 웃음의 향기가 조문객들의 얼굴에 웃음으로 번지고 있었다.

   3단짜리 조화와 국화 전시, 지나친 염습과 결박은 사라졌다. 고인은 붉은색 개량한복을 입은 채 호텔에 잠들었다. 가장 평온한 영면(永眠)이었다. 아무도 굴건과 완장을 차지 않았다. 조문객들이 머무는 카페의 시계가 0시 39분을 가리킨 채 멈춰 서 있었다. 고인이 숨을 거둔 시간이었다. 유가족만이 아닌 조문객의 심장도 함께 멈춰 섰다. 진정한 애도가 시작되는 순간이었다. 모두들 묻고 있었다. '내 삶의 시간이 멈출 날도 머잖았구나.' 말 그대로 메멘토 모리(Memento Mori)였다.

조문객들의 접객은 맛 기행이었다. 양평 서종의 맛집들이 소개되었다. 음식점 주인이 말했다. "썰렁하던 경기가 살아난 듯 기분이 짱입니다. 축복받을 거예요." 이 어려운 코로나 시기에 지역경제 활성화에 조금이나마 보탬이 되어보자는 배려에 대한 메아리였다. 좀체 보기 힘들었던 교회 장례식이 살아났다. 영정사진 앞에 묵념을 하고 재빨리 빠져 나와야 하는 눈도장 장례식과는 판이하게 달랐다. 손주, 손녀들이 찾아낸 추억의 사진이 전시되었다. 고인의 체취가 물씬 풍기는 메모리얼 테이블에는 밑줄 그어진 성경과 찬송가가 놓였다. 고인은 '나의 갈 길 다가도록'(384장)을 가장 즐겨 부르셨단다. 그 옆에 효자손(등긁개)이 주인을 잃고도 기분 좋게 웃고 있었다. 손자 손녀들이 쓴 편지와 고인이 받은 감사장이 훈장보다 빛나고 있었다.

3단짜리 조화는 아예 볼 수 없었다. 오로지 고인만 돋보였다. 접견실의 정면에는 고인의 삶의 발자취가 영상으로 비춰지고 있었다. 바로 옆에 고인의 함박웃음 사진이 영정사진으로 자리했다. 영정사진에 두르던 검은 띠도 보이지 않았다.

　병원 장례에서 볼 수 없는 것들은 한둘이 아니었다. 유가족들을 위한 기도실과 예배실, 침묵의 계단은 주님의 임재를 체험하기에 넉넉했다. 유가족들이 편히 쉴 수 있는 휴게실과 숙소, 방문객들을 위한 갤러리까지 보태졌다. 저녁노을과 둥근 달, 빛나는 별은 하나님이 보내신 선물이었다.

　2세들의 역할도 돋보였다. 방역 사령탑을 자청한 손자는 발열 체크와 기록, 안내를 맡았다. 호스트가 된 손녀는 분주하게 손님들 사이를 오가며 차를 대접했다. 테이블 위에 놓

인 것은 고인이 좋아했던 간식이었다. 손님들이 남긴 쓰레기를 말없이 치우는 손길도 그들 몫이었다.

말 그대로 가족장, 아니 가족잔치였다.

2 힐링 캠프가 된 장례식

전쟁세대라 한글을 깨우치지 못했다는 어머니, 그러나 영어 조크를 했었다는 말은 틀림없었다. 어머니는 영어를 해독하셨다.

"Rest in Peace"('평화 속에 휴식을 취하라')

영면(永眠)에 든 고인의 표정은 평화 그 자체였다. 여느 장례식에서나 볼 수 있던 포승줄에 꽁꽁 묶인 채 죄수 같고 미라 같던 모습과는 확연히 달랐다. 사알짝 미소 띤 얼굴은 부끄럼 많은 새색시였다. 아들의 말대로 19년 전, 하나님의 부름을 받은 남편 품에 안겨 저리도 좋은 것일까? 기다렸던 남편은 또 얼마나 기쁘고 행복했을까?

입관식은 '고인 접견(Viewing)'으로 진행되었다. 모두들 마지막 얼굴을 대하며 어머니의 미소를 유전자로 자신들의 삶에 각인시키고 있었다. 고인의 손자는 말했다. "이런 줄 알았으면 초등학교 아들도 참여시킬 걸 그랬어요." 그 한마디가 모든 것을 대변하고 있었다.

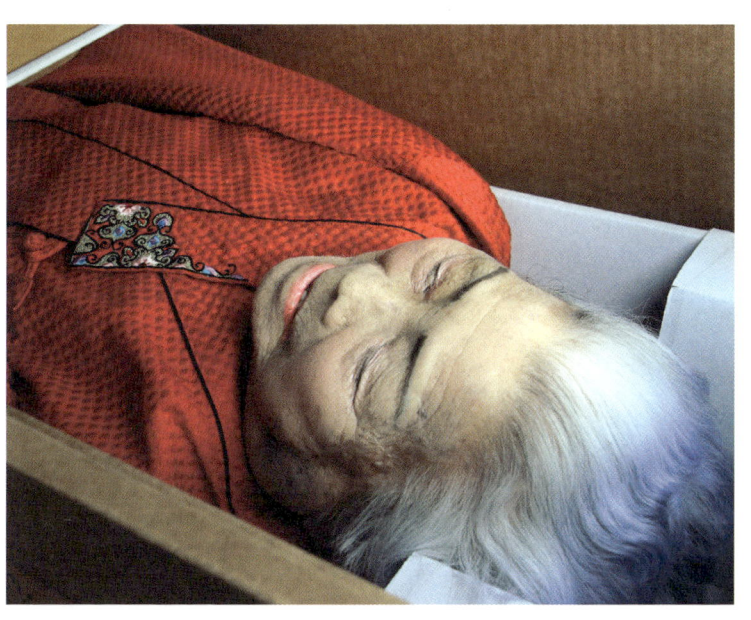

조문객들의 발길은 끊임없이 이어졌다. 그 와중에도 유족들은 안치실, 호텔 막벨라를 찾았다. 닫힌 문을 하염없이 쳐다보다 문을 열어 사랑의 고백을 쏟아냈다. 조문객들을 모시고 가서 어머니가 잠든 모습을 보여주기도 했다. 조문객 중 한 사람이 '진정한 애도가 무엇인지 보여주어 고맙다.'고 했다. 한 젊은이는 '클라스가 다르다.'고도 했다. 고인에 대한 존엄성은 안치부터 시작된다는 것을 보아서였다. 전쟁 중이 아니라면 시신은 포개서는 안 된다.

"시신 아래 시신 없고 시신 위에 시신 없다."

 조문객들이 떠난 고즈넉한 저녁시간, 유가족들은 별도로 준비된 방으로 모여들었다. 가벼운 스트레칭으로 몸을 풀었다. 신체심리학을 전공한 내 아내가 나섰다. 유족들의 마음을 쓰다듬어 주는 힐링 타임이었다.

 30분이 채 지나기도 전에 가족들은 서로를 끌어안고 고마움을 표현했다. "고마워. 내 가족이어서." "수고했어요. 정말 사랑해" "아빠, 엄마가 자랑스러워요." "이번에 너무 많이 배웠어요." "그동안의 허물을 용서해 주어 감사해요." 하고 싶었던 말을 온 몸으로 풀어냈다. 올케언니는 달려가 시누이를 안아주고 시누이는 올케의 품에 안겼다. 피붙이 형제들이 서로를 부둥켜안았다. 지켜보던 조카들은 끝내 눈물을 훔치다 울음을 터트렸다.

 달리 무슨 말이 필요하랴? 사랑하고 살아야 할 가족인

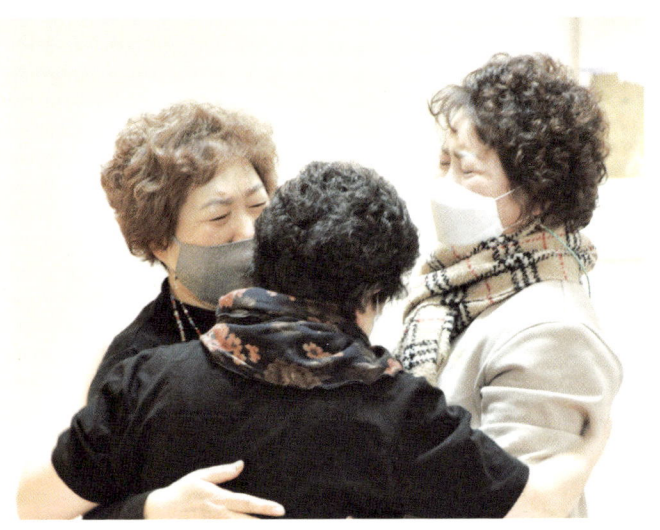

것을. 온 가족이 사랑의 띠로 하나가 되었다. 흩어지는 것이 아쉬웠던지 큰 홀에서 누워 함께 잠드는 가족도 있었다. 한 이불 덮고 잠들던 옛 추억을 소환하고 있었다. 나도 모르게 빙긋이 웃었다.

"장례식 한다더니 힐링 캠프네."
 가족들의 모습을 훔쳐본 창밖의 소나무들도 웃고 있었다.
 "RIP"(Rest in Peace)
 고인은 영면(永眠)에 들고 우리 모두는 숙면(熟眠)에 빠져들었다. 지구촌에서 가장 평화로운 밤은 그렇게 찾아왔다.

3 장례식 마지막 날의 풍광

　새벽 미명, 불이 밝혀졌다. 비움과 채움 갤러리 정면의 '해·달·별'을 주제로 한 이스터 트리(easter tree)였다. 그 가운데서도 별 하나가 유독 반짝거렸다. 아마도 별이 된 고인의 별일 것이다. 이어 종소리가 울렸다. 소리는 맑고 고왔다. 멀리 퍼졌다. 잠든 유족들이 하나 둘 일어나 몰려들었다. 오늘은 고인을 떠나보내는 마지막 날이다.

호텔 막벨라에 머물러 잠든 고인에게 관보(棺褓)가 덮였다. '달려갈 길을 기쁨으로 끝마친'(행 20:24) 하늘나라 시민에게 주어지는 성의(聖衣)였다. 청록(青綠)은 믿음과 생명의 색이다. 7곱 개의 일직선은 안식의 숫자이면서 하나님께로 가는 길을 상징한다. 관보에 새겨진 말씀이 또 한 번 남은 자들에게 위로의 메시지로 다가왔다.

"성도의 죽는 것을 여호와께서 귀중히 보시는도다."(시 116:15)

마지막 날의 절차는 기존 장례와 다른 점이 하나 있었다. '선(先) 화장, 후(後) 발인'이었다. 이유가 있었다. 대개 이른 새벽부터 설쳐 교외에 있는 화장장까지 오가야 한다. 화장하는 장면을 오랫동안 지켜본다. 그러다가 실신하는 가족들도 있다. 큰 트라우마로 자리 잡는다. '죽은 사람이 산 사람 잡는다.'는 속설이 남의 일만이 아니다. 많은 경우 악몽에 시달리기도 한다. 이런 것을 '장례 노동'이라 하고 '장례 트라우마'라 한다. 가족들을 5~7시간에 걸친 장례 노동으로부터 보호하고 트라우마를 예방하는 장치였다. 준비된 리무진에 유족을 대표해 손자가 동승했다. 유족들은 떠나가는 어머니를 향해 손을 흔들어 환송했다.

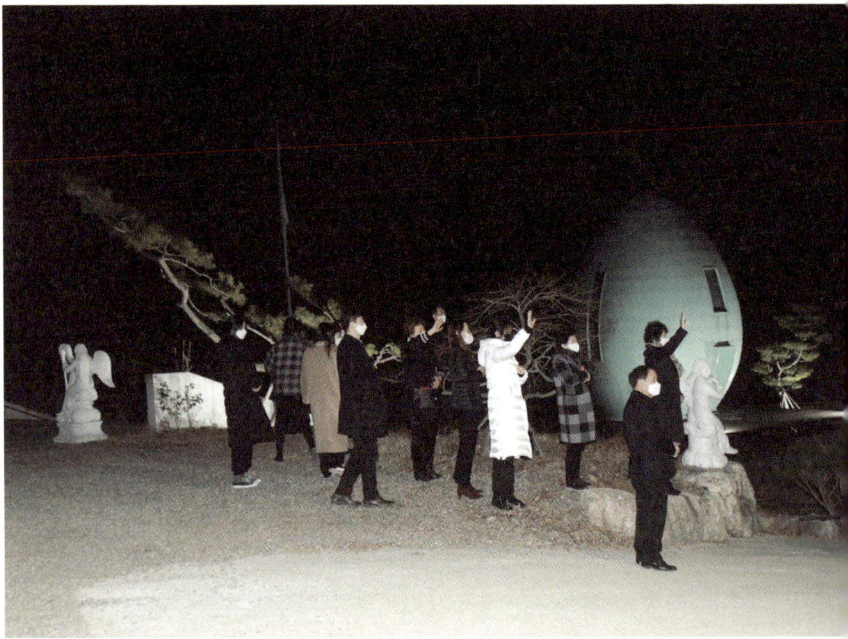

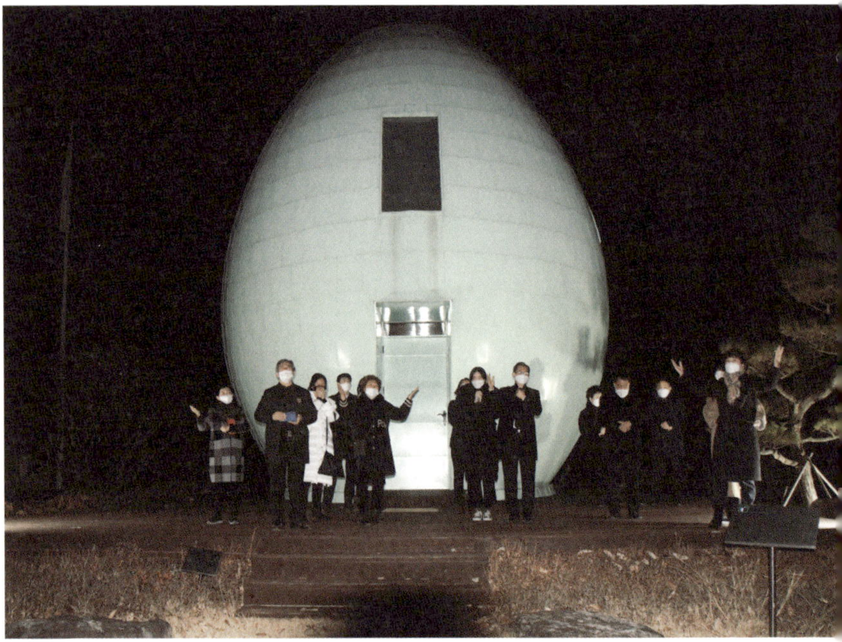

그리움과 슬픔에 하늘의 하현달과 별을 쳐다보던 유족들 입에서 찬송이 울려 퍼졌다. 고인이 좋아했다는 찬송가였다. 그들은 교회 뜰 앞에서 또 다시 찬양했다. 기쁨이 흘러넘쳤다. 이번엔 하늘나라에 계신 아버지와 어머니를 향한 사랑의 고백을 하트로 그려냈다. 뜻밖의 퍼포먼스는 또 있었다. 치매가 있었던 노모를 정성스레 수발한 아내에게 남편이 무릎을 꿇었다. 아내는 평생 처음 있는 일이라고 수줍어하면서도 좋아라 한다. 기왕이면 키스까지 해 달라고 해서 70이 다 된 상남자를 당황하게 했다. 여유로워진 아침 시간, 유족들은 경내의 갤러리를 찾아 석창우 화백 상설전시회를 관람하며 삶의 의지를 다지기도 했다.

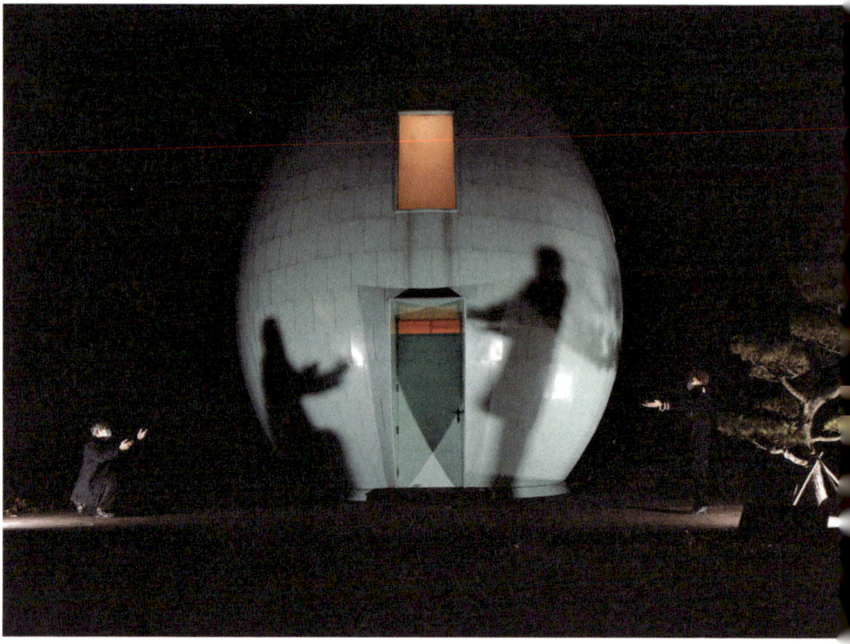

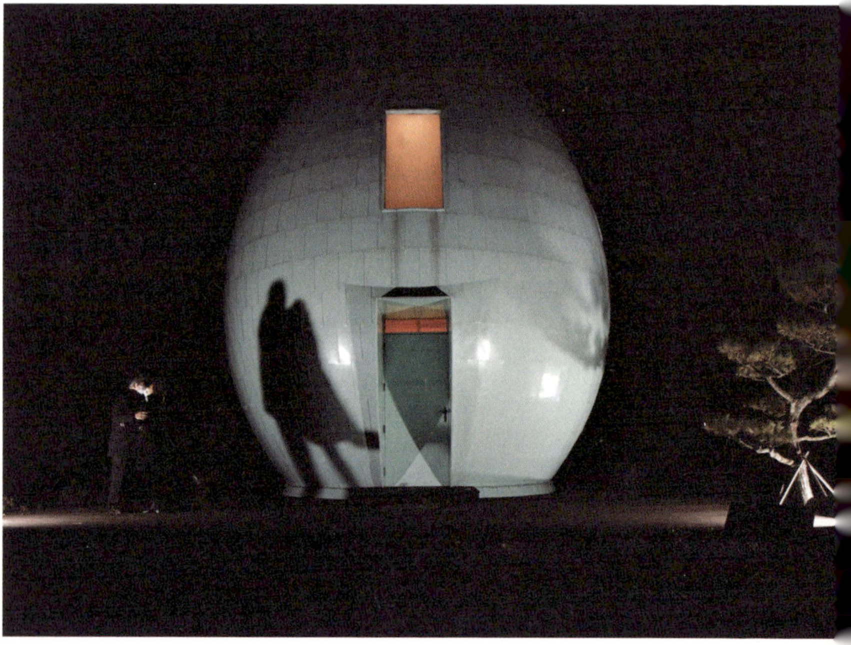

 10시경, 화장이 끝난 고인의 유해가 돌아온다는 소식을 듣고 유족들은 일제히 도열했다. 먼저 와 기다리고 있던 아버지의 유해가 가장 앞장서 어머니를 맞이했다. 둘째아들이 받아든 유골함과 함께 채플에 모셔졌다.

 11시 15분 전, 유족들과 조문객들은 방역 수칙을 따라 줄과 칸을 비워 착석했다. 파이프오르간의 연주가 모두의 마음에 하늘의 평화를 전하고 있었다. 발인예배는 무게가 있었고 장엄했다.

 "시집 온 후 내가 임신 했다는 소식을 듣고 '새 아기가 무얼 먹고 싶냐'고 그 시절엔 귀하디 귀한 파인애플과 값비싼 바나나 한 다발을 아무도 주지 말고 너만 먹으라며 싸 주시던 어머니."

큰며느리의 목소리는 추모사의 처음부터 떨리고 있었다.

'친정어머니가 안 계셨던 나에게 친정엄마처럼 잘 해 주셨던 시어머니~'를 부르던 목소리는 흐느낌으로 변했다.

"어머니가 병원에 계실 때 순간순간 힘들었지만 집에서 모시다가 천국 가는 모습을 보려 했는데… 요양병원으로 모시고 돌아올 때는 버리고 온 느낌으로 마음이 아팠지요."

이번에는 조문객들의 훌쩍이는 울음소리가 들렸다. 숨죽여 듣던 조문객들이 하나둘 손수건을 꺼내들고 있었다.

"부지런하고 깔끔하신 어머니, 팔순까지 살림을 맡아 하셨는데 이제는 며느리에게 부담 주고 싶지 않아서였는지 때마다 '안 먹어', '안 입어', '안 벗어'가 입에 붙어서 오히려 짜증나고 힘들었던 세월을 지나 아기처럼 변하여 옷이나 반지나 길가의 나무나 꽃을 보며 '예쁘구나' '좋구나'로 바뀌고 그 감성과 유머는 95세가 되었어도 잃지 않아서 '보라색 파마머리가 예쁘다'고 하면 '돈 많은 영감 소개해 달라'고 하시던 어머니"를 이야기 할 때는 웃음이 번졌다. 이번 장례식의 키워드가 '함박웃음'이었다는 것을 그때야 눈치 챈 사람들도 있었다.

추모의 편지에 이어 작은 아드님이 조가(弔歌)를 불렀다. "내 영혼이 은총 입어 중한 죄 짐 벗고 보니 슬픔 많은 이 세상도 천국으로 화하도다." 아들은 노래의 1절도 채 부르기도 전 울음을 터트렸다. 아내가 자리에서 일어나 함께 노래했다. "할렐루야 찬양하세" 이번에는 청중들이 두 팔 벌려 함께 했다. "내 모든 죄 사함 받고 주 예수와 동행하니 그 어디나 하늘나라" 떼창이었다. 그때 강대상의 커튼이 열리며 눈부신 햇살이 비춰졌다. 마스크를 낀 채 제대로 찬양할 수 없던 벙어리 냉가슴을 털어내기라도 하듯 맑고 푸르른 하늘을 쳐다보며 소리 높여 찬양했다. 코로나가 저 멀리 도망치고 있었다. 우리 모두의 소원이었다.

예배를 마친 후 조문객들은 유족들에게 인사를 하고 교회 계단 위에 두 줄로 서서 터널을 만들었다. 영정사진과 함께 유족들이 걸어 나올 때 찬양으로 또 다시 위로를 전했다. 조문객들의 품격이 드러나는 순간이었다. 청란교회 경내에 있는 수목장지까지 모두들 함께 걸었다. 출애굽하는 이스라엘 백성들의 행렬을 떠올렸다. 보기 힘든 풍광이었다. 한 사람도 빠짐없이 함께 했다. 놀라웠다. 길고긴 화장 시간 때문에 정작 수목장의 마지막 순간은 가족 몇 사람만 달랑, 썰렁하기 짝이 없는 분위기와는 사뭇 달랐다.

안치는 부부동혈(夫婦同穴)이었다. 아버지의 이장(移葬)과 함께 일어난 부부 금슬(琴瑟)의 상징이었다. 자녀들이 준비한 최고 훈장이었다.

모든 유가족이 허토에 참여했다. 이어 추모의 종을 타종했다. 종소리가 구릉을 타고 땅 끝까지 번져갔다. 줄을 당기며 소리치는 메시지는 영화의 엔딩 자막처럼 강렬했다.

"아버지, 어머니! 천국에서 봬요."

예배 시작부터 추모의 종을 타종하고 마치는 데까지 정확하게 1시간이 걸렸다.

4 덕후 가족의 탄생

    어떤 일을 시작할 때마다 사람들이 보이는 반응은 정해져 있다.
"이런다고 바뀔까요?"
나도 헷갈릴 때가 많다.
"미친 짓은 아닐까?"
그때…마다 내가 부르는 찬양가가 있다.

"작은 불꽃 하나가 큰 불을 일으키어

곧 주의 사람들 그 불에 몸 녹이듯이

주님의 사랑 이같이 한번 경험하면

그의 사랑 모두에게 전하고 싶으리

새싹이 돋아나면 새들은 지저귀고

꽃들은 피어나 화창한 봄날이라네

주님의 사랑 놀라와 한번 경험하면

봄과 같은 새 희망을 전하고 싶으리"

플라스틱프리 활동가로 일하고 있는 고금숙 님이 말한다. "작은 것들이 모여 물결을 이룰 때, 세상이 조금이라도 움찔할 때, 우리는 '성덕'이 된다. 쓰레기 덕질에 성공한 덕후들 말이다."

갑자기 무슨 말이냐고 물을 듯하다. 덕후란 일본어 오타쿠(御宅)를 한국식 발음으로 바꿔 부르는, '특정 분야의 전문가' 정도로 이해할 수 있다. 성덕은 성공한 덕후의 준말이다. 덕질은 덕후들이 심취해 빠져든 행위들을 일컫는다.

그 결과가 무엇일까? 자원재활용법이 개정되어 2022년부터 컵 보증금제가 실시된다. 세상은 이렇게 바뀐다. 지금까지 30여 년간 가정행복 NGO를 이끌어 왔다. 상·장례는 가정생활에 미치는 영향이 크다. 장례가 끝난 다음 칼부림도 보았다. 등 돌리고 원수되는 일도 많다. 평생 얼굴을 보지 않고 사는 가족도 많다. 어떻든 살려내야만 했다.

그동안 터득한 것이 하나 있다. 모든 일은 작은 불씨로 시작된다. 사례(case)가 필요하다. 그 다음이 범례(example)다. 쌓여야 한다. 마지막이 표준(standard)이다. 들불처럼 번진다. 간 이식 수술이 그렇다. 먼저는 케이스가 중요하다. 생사가 걸린 문제 아닌가? 그 다음에 50 예(例)가 쌓이면 범례로 자리 잡는다. 100 예를 넘어선다. 그때는 표준이 된다. 모든 사람이 따라온다. 이를 C-E-S 모델이라 부른다.

고금숙 님의 한마디가 내게는 응원가였다.

"세상일에 자기 일처럼 나서는 덕후가 전체의 3% 이상 되면 세상이 변한다. 올더스 헉슬리의 1932년 소설 『멋진 신세계』 속 레니나는 이를 '개인이 감동하면, 전체가 비틀거리게 돼요.'라고 표현했다."

장례의 첫 케이스가 된 이요일 덕후 가족들은 장후(葬後)까지도 완벽했다.

손님들이 떠나 간 후, 온 가족이 나서 장례식장을 깔끔히 청소했다. 식당으로 이동해 3일간의 수고를 위로하며 감사를 나누었다. 최후의 만찬을 이은 끄트머리(끝+머리, 끝에서의 새로운 시작)의 만찬이었다.

유가족 중 장순철 박사는 자신이 평생 모아온 체육 관련 소중한 도서를 하이패밀리에 기부하겠다고 나섰다. 상

홍길원

가정행복 NGO인 (사)하이패밀리의 대표로 있다. 가정행복지킴이로 아내 김향숙 박사와 함께 가족생태계를 변화시키는 일에 30년을 헌신해 왔다. 그의 키워드는 행복-가정-미래다. 모든 사람을 '행복가정'으로 행가래 치고픈 그가 이번에는 죽음에 맞물 을 댔다.

고신대학과 동 신학대학원, 고려대학교대학원을 졸업하고 미국 RTS에서 학위를 받았다. 현재 가정사역센터인 (W-스토리)(양평군 서종면 잠실2길 33~35)에 살고 있다.

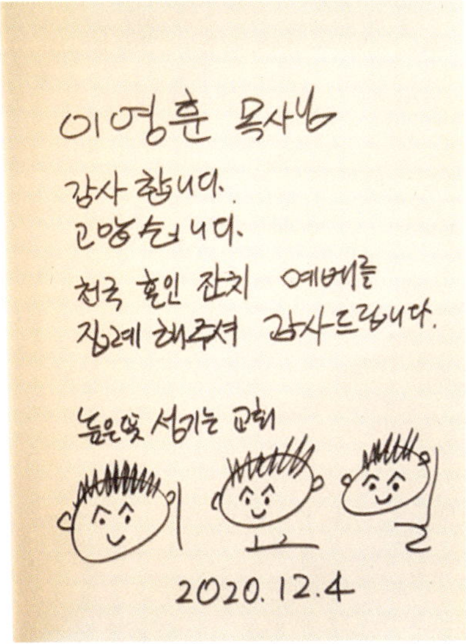

이영훈 목사님

감사합니다.
고맙습니다.
천국 혼인 잔치 예배를
집례 해주셔서 감사드립니다.

낮은 곳 섬기는 교회

2020.12.4

주는 함께해준 이들에게 감사의 마음을 『죽음이 배꼽을 잡다』는 책으로 답례했다. 책의 선정도 장례의 주제답게 절묘했다. '이·요·일'이란 마지막 사인까지도 환하게 웃고 있었다. 가족들은 선교사를 위한 숙소동 건축을 위해 '3일간의 환대' 프로젝트에 참여했다. 가족 단위 기부 행위였다.

덕후 가족의 며느리인 이현주(39세) 님이 페이스북을 통해 내게 이렇게 인사했다.

"장례 감독 송길원 목사님 감사합니다."

세월호사건 때 팽목항에 빨간 '하늘나라 우체통'을 세워 얻게 된 직책이 있다. '하늘나라 우체국장'「동아일보」가 내게 붙여준 것이었다. 이번 장례로 나는 또 하나의 영예로운 직책을 얻었다.

"장례 감독"

우리 모두는 이렇게 해서 미친(美親) 덕후 가족이 되었다.

#, 허연숙, 함박웃음의 장례식

장례
손익계산서

5

통계연감 기준에 의한 장례 비용

최근 통계 자료인 통계연감에 의하면 2019년 사망자 수는 295,132명이다.(2020년 10월 현재 인구수 51,838,016명) 장례 경비를 2천만 원으로 계상하면 약 6조 원이다. 2015년 기준, 소비자원 조사에 따르면 평균 장례 비용 1380만 원이었다.

상가 당 조문객 수를 2백 명으로 잡으면 59,132,200명이다. 이들의 조의금을 5만 원(김영란법 기준)으로 산정하면 약 3조 원이다. 나아가 조문에 따른 비용(시간과 교통비 포함)은 4조 2백억 원이다. 하루 노동 가치를 2020년 최저임금 기준 6만 8천 원으로 잡아 계산해서다.(저축추진중앙위원회 계산 방식 차용). 이를 합하면 년간 13조 원이나 된다. 이런 것을 두고 상가의 경제학이라 할 수 있을 것인가?

따라서 사망자 대비, 신자 수를 10%로 기준 한다면 순수

장례경비만 5천9백억 원이 된다. 앞서의 조의금과 노동 비용을 제외하고도 엄청난 금액이 관(棺) 속으로 들어가는 셈이다. 이 비용을 줄일 수는 없을까?

교회가 나선다면 상당한 비용을 산 자들을 위해 쓸 수 있는 선순환 구조로 전환할 수 있다. 여기에 교회의 사회적 책임이 있다.

첫 번째 장례가 들이민 청구서

① 다음의 계산은 수도권 일반 장례식장의 평균치를 가지고 대비해 본 것이다. 이를 보다 정확하게 하기 위해 상·장례를 담당하는 관계자와 관리인 등 전문가에게 수차례 자문을 구했다. 부동산의 공시지가와 실거래가 차이처럼 장례 영역도 만만치 않다는 발견을 했다.

② 비용 산출은 시신 처리에서부터 발인할 때까지 장례식장에 지불하는 금액만을 산출했다. 승화원(화장장) 사용료와 장지, 장례 후 가족들 회식과 순서 담당자에 대한 감사례 등은 포함하지 않았다.

❶ 장례 비용은 빈소(접견실과 접객실) 사용에서부터 시작된다. 접견실과 접객실(주방 포함)을 하나로 묶어 대여한다. 평수로 표시되며 크기는 작은 것은 30평에서 중대형은 150평까지 다양하다. 하루 60만 원에서 300만 원이므로 3일을

다 쓴다고 가정했을 때 180만 원에서 900만 원까지다.

> ※ 첫 번째 장례에는 이 비용은 청구되지 않았다. 교회 시설을 장례식장으로 썼기 때문이다. 청란교회는 숙소 동을 포함 가용면적이 300평을 넘었다.

❷ 이어 시신 처리에 관련된 비용이 있다. 여기에는 입관실(20~50만 원)과 안치실(25~30만 원) 사용료가 별도로 계산된다. 20~50만 원의 수시(收屍)에는 알코올 면포 입관 용품과 의료 폐기물 처리 비용이 포함된다. 염습과 입관을 맡게 되는 장례지도사(3일간 75만 원)와 보조의 인건비(1일 10만 원)가 있다. 이어 수의와 상복, 관, 유골함에 드는 비용이 가장 들쭉날쭉하였다. 약 200~550만 원으로 잡았다.

고인 이송을 위한 리무진(5인승)과 영구차가 있으며 차량과 기본 거리(200km 기준)에 따라 48~70만 원이었다. 이를 종합하면 최저는 398만 원 최고는 835만 원이었다.

> ※ 첫 번째 장례에서는 200만 원이 소요되었다. 위생 처리와 사후 메이크업의 간편 염습이었고 수의와 상복은 쓰지 않았다. 관은 종이 관을 썼고 유골함은 한지로 제작된 것이었다. 최소 비용 기준 2분의 1, 최고 비용 4분의 1이었다.

❸ 제단 장식과 영정사진의 생화 장식비가 있다. 이 부분이야말로 1단 장식에서부터 3단 장식, 하트와 꽃물결 장식까지 층층이었다. 50만 원에서 250만 원이 들었다. 참고로 지난 6월 서울 현충원에서 치러진 고 이희호 여사 추도식은 꽃 제단 꾸미는데 1000만 원이 들어갔다.

※ 첫 번째 장례식에서는 플로리스트가 직접 남대문 꽃시장에서 구입하여 다양한 꽃을 사용했다. 꽃값은 30만 원이었고 인건비는 20만 원이었다. 인건비는 다음 장례를 위한 재료 구입비로 기부했다. 최대 금액의 5분의 1이었다.

❹ 최고의 관심사인 접객비가 있다. 밥, 국, 새우젓, 편육, 절편, 과일, 견과류가 포함된다. 술·맥주, 음료수는 별도였다. 이 방식으로 지급된 돈은 100명 기준, 270만 원에서 500만 원이었고 300명 기준, 810만 원에서 1500만 원까지 계산되었다.(최근 음식 주문은 30인 분, 50인 분 또는 중량(Kg)으로 주문하여 소모 여부와 상관없이 정산하는 것도 큰 부담이었다.)

※ 첫 번째 장례식에서는 171만 7천 원을 지불했다. 식사비용은 1인 기준, 8천 원에서 12000원이었다. 음식점은 세 군데를 선정했다. 병원 장례식장의 선택의 여지

가 없는 단품 식사와 달리 맛 기행이었다. 전통 한식에서부터 된장찌개, 곰탕, 콩나물불고기, 왕 갈비탕, 닭갈비 정식, 팥죽, 팥 칼국수, 얼큰 칼국수 등. 선택의 폭이 넓었다. 반찬 가지 수도 다양해서 최대 12가지가 나왔다. 음식은 풍성했고 술 접대는 사라졌다. 조문객들이 가장 많은 평점으로 환호해 주었다.

조문객은 차량 수와 발열 체크 등을 종합하여 300명을 웃돌았다. 300명 기준이라면 최저치로는 4분 1이었고 최대치로는 7분의 1이었다. 실제로 조문객 대비 식사 인원이 절반 수준이라 한다면 더 간극은 더 크다고 할 수 있다.

❺ 도우미 인력비용은 일반적으로 1인당 8~10만 원을 지급한다. 근로기준 8시간 기준이며 추가 연장근무 1시간 당 1만 원 추가한다. 도우미의 인원은 대략 3~4명 필요하다. 이틀간이며 발인 날은 도우미가 없다. 비용은 80만 원이며 가장 고정적인 금액이었다.

※ 첫 번째 장례식에서는 10만 원이 소요되었다. 대부분의 서빙을 2세들이 맡아 주었기 때문이다. 이 부분 역시 하릴없이 방구석에 처박혀 있거나 밖에 나와 핸드폰이나 만지작거리는 풍경과는 거리가 멀었다. 2세 자녀

들이 더 친근감 있게 다가가 '할머니가 좋아하셨던 간식이에요. 드세요.'라며 다과를 접대했다. 다과보다 유가족들의 친밀감 있는 환대가 조문객들에게 큰 선물이었다. 그들의 피드백이 그랬다.

※※ 여기까지 첫 번째 장례의 총 비용은 431만 7천 원이었다.

❻ 첫 번째 장례에는 이와는 별도의 비용이 추가되어 있었다. 3일 동안의 기록을 남기기 위한 사진작가와 '파이프오르간과 함께하는 발인예배'를 위해 초대된 오르가니스트에 대한 사례 지불이었다. 크지 않았다.

❼ 첫 번째 장례를 지켜보며 떠올렸던 것은 뜻밖에도 이 한마디였다.

"돈, 뜨겁게 사랑하되 차갑게 다루어라."

20세기의 전설적 투자가 앙드레 코스톨라니(1906~1999)가 남긴 말이다.

돈도 죽음만큼이나 종류가 많다. 공돈, 푼돈, 잔돈, 목돈, 종잣돈, 쌈짓돈 등등. 장례비는 대체 어디에 속한 것일까? 제일 답하기 어려운 질문이었다. 죽음에조차 차별이 있어서는 안 된다. 그런데도 여전히 돈에 따라 '유전천국(有錢天國), 무전지옥(無錢地獄)'이 되고 있는 현실이 서글펐다. 장례식장에서는 '이쑤시개 하나도 돈'이라는 말이 빈말이 아니었다.

※ 다음은 서울 시내 대형 장례식장을 호텔과 비교해 본 것이다.

평형으로 하면 180평형의 경우 1일 390만 원, 160평형은 417만 6천 원 등 병원마다 차이를 보인다.

호텔과 빈소 1박 비용 비교

빈소 특실 1박 비용
- **A장례식장** (서울 소재 대학병원, 500m²)
- **B장례식장** (서울 일반, 430m²)
- **C장례식장** (경기 소재 대학병원, 460m²)

국내 호텔 스위트룸 기준 1박 비용
- **A호텔** (서울)
- **B호텔** (제주)
- **C호텔** (인천)

A호텔: 750,000
B호텔: 950,000
C호텔: 710,000

A장례식장: 3,650,000
B장례식장: 1,500,000
C장례식장: 2,800,000

주요 장례 비용 비교표 (화장시, 안장비용/장례용품 제외)

- **상** 30,800,000원
- **중** 13,850,000원
- **하** 5,100,000원

항목	상	중	하
빈소사용료	8,000,000	3,050,000	910,000
수의	5,000,000	2,000,000	250,000
관	6,100,000	1,000,000	300,000
접객비	10,000,000	6,800,000	2,400,000
꽃제단	1,500,000	800,000	400,000

◆ 상 — 보건복지부 장사복지시스템의 최상위 금액의 조합
◆ 중 — 2016 수도권 장례식장 이용 평균 비용(100명 조사)
◆ 하 — 2015 서울시설공단의 착한 장례비 제안(서울의료원 사용시 최고가)
상의 접객비는 2만원 500명 기준

장례의 장래를 보다

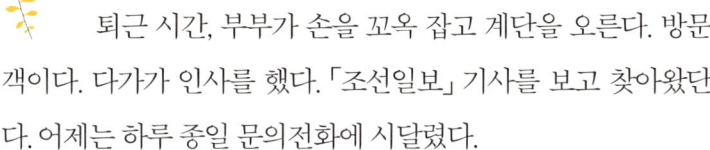

　퇴근 시간, 부부가 손을 꼬옥 잡고 계단을 오른다. 방문객이다. 다가가 인사를 했다.「조선일보」기사를 보고 찾아왔단다. 어제는 하루 종일 문의전화에 시달렸다.

　문화면의 톱뉴스, 문화·라이프 많이 본 뉴스 1위, 네이버 1면 뉴스… 달린 댓글에 '좋아요'가 무려 500건이 넘었다. '장례문화 확~ 바꿔야' 한다는 격공(격하게 공감)의 추임새와 격려의 글들이 대부분이었다.

　"이런 게 종교인들이 해야 하는 일입니다. 멋집니다."

　"이런 기사 좋네요. 종교인으로 모범이 되는 행동입니다."

　불신자들의 응원가가 내게는 희망이었다. 그 중에 불교인의 반응도 인상적이었다.

　"이것 보고 불교도 배워야겠다."

　'나의 장례식도 이랬으면 한다.' '정말 아름답고 행복한 장례예식' '장례식에 대한 새로운 해석' '슬프지만 웃으며 보낼 수 있는 장례문화' '장례지도사에 질질 끌리지 않는 장례의 신선함과 거룩함'을 이야기했다.

　'미국에도 필요'하다며 해외교민들도 가세했다.

　"이벤트(event)를 인벤트(invent) 했네요."

　"이제 이곳에서도 변화의 바람이 불겠네요."

　1995년, '천국준비 교실'이 있었다. 이어 1998년의 '화장장려

운동', 2010년 '자연장지' 허가, 2015년 '임종휴가법안' 발의, 2019년 '장례독립선언', 그리고 2020년《메멘토모리 기독시민연대》의 열매가 이번 〈첫 번째 장례〉였다. 무려 25년의 세월이 흘렀다.

    그러나 이것은 시작일 뿐, 시민들의 이런 응원가가 있어 이제는 덜 외롭겠다. 때마침 한국직업능력개발원으로부터《엔딩 플래너》자격증 코스까지 교부받았으니 시민들이 당부한 '장례혁명', 해낼 수 있겠다.

'맞이한 죽음'의 모델, 조영택 목사님

6

밴쿠버 갈릴리교회 원로 목사이신 조영택 목사님이 84세를 일기로 돌아가셨다. 지인으로부터 소식을 전해 듣고도 상당한 시간이 지나서야 유투브 동영상을 통해 마지막 임종예배 장면을 지켜볼 수 있었다.

"아빠~ 우리들에게 말씀하실 것이 있으세요." 아들에 이어 큰 따님이 그렇게 묻고 있었다.

침상에 누워계신 아버지가 말씀했다.

"예수님이 말씀하시는 것이… 하나님은 나를 지으시고 나를 만드시고 나를 지켜주시고…. 나를 세상 가운데서 지켜 주시기를 꼭 믿고 사시기를 바랍니다."

나는 순간 당황했다. 자식들에게 건네는 말일 텐데… 그러나 끝까지 존칭을 쓰고 계셨다. 그 분의 품격이었다.

침상을 중심으로 왼쪽에 막내딸과 큰딸이 자리를 잡았다. 오른쪽에는 아내와 둘째딸 그리고 손주들이 둘러앉아 할아버지를 지켜보고 있었다. 함께하지 못한 가족들은 줌(zoom)으로 참여했다. 아들은 기타를 들고 예배를 인도했다.

목사님은 하나님의 이름을 간절히 불렀다. 마치 십자가 상에서 '하나님, 하나님, 나의 하나님'을 부르던 예수님을 떠올리게 했다. 그리고 고백했다.

"하나님, 나의 하나님, 하나님은 내 안에 계십니다. 끝까지 계십니다. 내 주권자는 하나님이십니다. 하나님께서 나와 함께 하십니다."

임마누엘이 하나님을 신앙 고백할 때 자녀들은 한결같이 '아멘'으로 응답했다. 이어진 말씀은 45년 목회의 결정판이었다.

"내가 대장이 아닙니다. 내가 대장이 되려고 하면 안 됩니다. 하나님이 대장입니다. 대장 노릇 하지 맙시다. 하나님 대신 대장 노릇 하지 맙시다. 하나님이 대장이십니다."

피를 토하듯 쏟아내는 말씀에 나도 모르게 아멘이 흘러나왔다. 나도 가족의 한사람이 되어 있었다. 하지만 이내 그 '아멘'이 부끄러워 쥐구멍이라도 찾고 싶었다. 장례식장에서 완장을 차고 설치던 목사들과 내가 오버랩 되었다. 내가 한없이 슬펐다. 목사님의 말씀이 내 '골수를 쪼개고'(히 4:12) 있었다.

임종을 앞둔 가족들은 40여 분 내내 찬양하고 기도하고 말씀을 읽었다. 목사님이 그렇게 원하셨단다. 선곡도 하셨다. 알고 보니 음악 가족이었다. 아들은 언어학을 전공했지만 CCM 싱어송라이터로 활동한다. 두 딸 은영과 은성은 음악을, 막내 은아는 문학과 선교학을 전공했다. 아들은 '그의 생각'을 둘째딸은 '하나님의 은혜를' 지었다.

아들 조준모 교수(한동대학)와 통화를 했다.

집안의 가훈이 '창조하는 자유인'이었다고. 지인이 전해준 말에 의하면 평소 목사님은 자신을 '영~ 택도 없는 사람'이라고 소개했단다. 84년 생애가 끝없는 겸손이었다. 가훈대로 사셨던 목사님은 집안에서도 똑같이 재미있는 분이셨다. 아들에게 말했다.

"내가 처음 죽어봐서 어떻게 할 줄 모르겠어!"

자유로운 영혼으로 사셨던 목사님은 죽음 준비만큼은 아주 철두철미하셨다고 한다. 아들도 혀를 내두를 정도였다. 봉투를 내놓으시며 주위의 작은 교회와 도움이 필요한 몇 분에게 건네주라고 하셨다. 더구나 '나 없이 내일이 시작될' 어머니를 위해서도 은행 정리를 완벽하게 해 두셨단다. 장지(葬地)는 말할 것도 없었다. 그것도 20년 전에 준비해 놓으신 것이었다.

나는 이 가족들의 영상을 서너 차례 보고 또 보았다. 이보다 더 아름다운 임종(臨終)이 또 있을까? 목사님은 죽음 앞에서 당당했다. 림프종과 싸워 이겼다. 물러간 줄 알았던 녀석이 또 다시 찾아왔다. 재발이었다. 하나님의 부르심의 때를 아셨던 것일까? 목사님은 항암치료를 거부했다. 아들은 말했다.

"자칫했으면 독한 약과 싸우느라 병상에서 내내 혼수상태에 머무실 뻔 했죠. 정말 감사하게도 집안에서 통증완화 치료를 선택했기에 가족들과 '자유로운' 시간을 가질 수 있었어요. 덕분에 아버님을 씻겨드리기도 했고요. 정신이 또렷할 때는 가족들과 대화의 시간을 가질 수 있어 행복했어요."

마지막 순간, 아버지는 가족들에게 인사했다.

"하나님 주 안에서 평안히 영원히~ 잘 살아요. 같이 살아요."

자녀들이 화답했다.

"사랑해요. 아빠, 사랑해요!" 아빠와 할아버지를 향한 사랑이 방안 가득 메아리쳤다. 또 다시 찬양이 이어졌다.

"안개 같은 나의 인생 광야 길을 걸어올 때 주의 신신하신 손길, 나를 인도하시었네. 한 걸음 한 걸음 그의 품에 더 가까이"

목사님은 찬송할 때 가만 있지를 못했다. 가족 오케스트라의 지휘자였다. 손놀림은 유연했고 우아했다. 박수치며 흥을 돋구셨다. 아내의 손을 꼬옥 잡아주고 큰딸의 손을 오랫동안 놓지 못했다. 손주들을 찾고 이름을 불렀다. 족장 야곱처럼 두 손 들어 가족들을 축복했다. 자신들의 이름을 찾고 부르는 할아버지의 마지막 모습을 보고 손주들은 무슨 생각들을 했을까?

'한 걸음 한 걸음…' 그의 품에 더 가까이 가기를 희망했던 그는 다음날 오전 10시 30분, '창조하는 자유인'으로 주님의 품에 안겼다. 내 생애 가장 아름다운 임종 장면이었다. 마지막 순간까지 흐트러짐이 없었다. 왕 같은 제사장(벧전 2:9)의 삶을 살아낸 천국 시민의 기품이었다.

나는 기도한다. 나도 조 목사님의 죽음을 죽게 해달라고.

* 영상은 홀연히 세상 떠나고 난 다음 아쉬워할 이들을 위한 배려에서 남겼다고 한다. 그것도 조 목사님의 뜻이었다. 장례식은 따로 없었다.

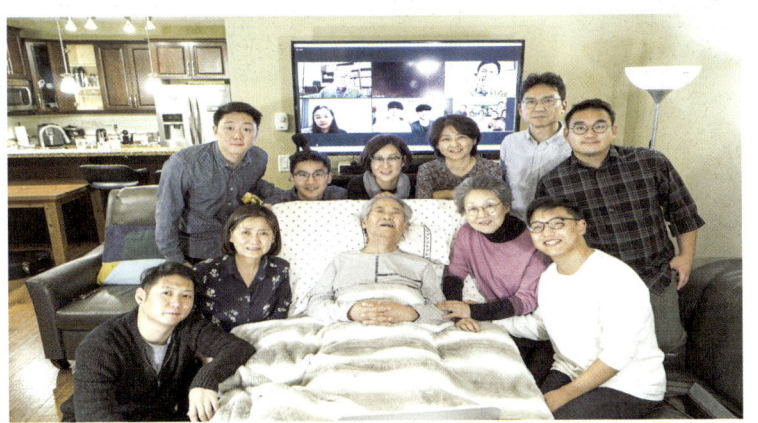

추모,
죽음의 탄생

7

-
-

부시 전 대통령의 대변인 짐 맥그래스는 돌 전 의원의 거수경례에 대해 '위대한 세대의 동료가 마지막으로 보내는 강력한 경의의 제스처(a last, powerful gesture of respect from one member of the Greatest Generation)였다.'고 말했다.

아버지 부시 대통령의 장례식, 수행원의 부축을 받은 밥 돌 전 상원의원이 찾아온다. 그의 나이 95세다. 양팔과 손은 거의 마비상태다. 전쟁 당시 포탄에 맞았다. 팔 부위에 심각한 부상을 입었다. 오른팔은 사용하지 못한 지 오래다. 휠체어에서 가까스로 일어선다. 거수경례를 하기까지의 시간은 불과 15초에 불과하다. 실제로 거수경례가 진행된 시간은 채 1초가 되지 못했다. 말 그대로 순간(moment)이다. 펴진 손가락도 겨우 세 개였다. 팔은 떨리고 있었다. 바로 그 순간이 영원(eternal)으로 살아난다.

밥 돌과 부시는 2차 세계대전 참전 용사였다. 대권을 놓고 서로 다투기도 했다. 하지만 죽음 앞에서는 그 어떤 것들도 침묵한다. 원망도 미움도 사라진다. 용서와 사랑만 남는다. 죽음이 죽음으로 죽지 않고 영원으로 피어나는 것이 추모다. 죽음의 탄생이다.

영국의 대문호 윌리엄 셰익스피어(William Shakespeare, 1564~1616)는 흑사병으로 막내아들인 햄넷(Hamnet)을 잃는다. 아들만 잃은 게 아니었다. 조연급 배우였던 그에게 흑사병은 서야할 무대까지 앗아간다. 셰익스피어의 '잃어버린 시기'는 그렇게 찾아왔다. 가장 어둡던 시기, 그는 집에 틀어박혀 글을 쓴다. 이때 쓰인 작품이 《리어왕》《로미오와 줄리엣》《맥베스》《안토니와 클레오파트라》였다. 자신의 아들의 이름을 딴 《햄릿》도 이때 썼다. 그의 대표적 4대 비극 작품 중 하나다. 그는 아들을 잃은 고통을 잊기 위해서 글을 썼을지 모른다. 그의 모든 작품 활동이 하나의 추모행위였다.

가장 소중한 이를 잃고 난 이들에게 추모는 그 자체로 거룩한 행위가 된다. 어떤 이는 추모장학 사업으로 어떤 이는 떠난 이가 못다 이룬 꿈을 대신 하는 일로 추모한다. 또 누군가의 손길에 의해 예술로 피어난다. 작가 전병삼이 그랬다. 그는 태어나 100일도 채우지 못한 60일째 아들 유닉(愉溺)을 잃었다. 아들이 숨을 거둔 순간, 그의 삶도 함께 정지되었다. 그러나 그는 죽지 않았다. 공식 활동을 접고 작품 활동에만 매진한다. 그는 고백한다.
"누군가에게 60일은 휙 지나가는 여름 방학처럼 짧은 순간이겠지만 저에게는 그 60일이 60년처럼 길고 무거운 시간이었네요."
매일 매일을 일기로 남긴 전 작가는 60일째 일기장에 이렇게 적는다.
"내 마음속 가장 깊숙하게 죽음이 탄생하였습니다."
유닉을 위한 그리움과 사랑을 책으로 접는다. 한 권, 두 권… 접힌 책이 서가(書架)에 꽂힌다. 책은 100권이 넘고 5백 권을 넘는다. 어느새 1,000권을 넘어섰다. 3.3미터 높이에 길이만 15미터다. 서가 앞에 서는 순간, 숨멎, 심쿵… 형용할 수 없는 감동이 온 몸을 떨게 한다. 언제 작업이 끝날 는지 몇 권의 책이 또 접히고 접힐는지 알 수 없다. 그가 말한 '죽음의 탄생'은 지금도 계속되고 있다.

누가 이 역설을 이해할 수 있을까? 그의 작품 속에는 형언할 수 없는 생명이 꿈틀거린다. 환희가 있다.

긴즈버그 미 대법원 판사 장례식장, 푸른 셔츠에 마스크를 착용한 한 남성이 들어선다. 성조기에 싸인 긴즈버그의 관 앞에 멈춰 선 그는 잠시 숨을 고른다. 그러더니 들고 있던 종이를 바닥에 내려놓고 세 차례의 팔굽혀펴기로 조의를 표한다.

긴즈버그의 '20년 지기' 개인 트레이너인 브라이언트 존슨이다. 육군 예비역 출신으로 긴즈버그가 1999년 대장암 수술을 받은 후부터 그의 개인 트레이너로 일해 왔다. 대다수의 사람들은 고개를 숙이고 묵념으로 추모한다. 어떤 이들은 손으로 십자가를 그으며 애도한다. 생소하기만 한 조문 방식에 CNN은 이렇게 보도한다.

"존슨이 고인이 된 긴즈버그에게 (둘만의) 딱 맞는 방식으로 조의를 표했다." 「뉴욕타임즈」도 마찬가지였다. "오랜 트레이너 존슨이 특별한 방식으로 긴즈버그를 기렸다."

죽음이 제각기이듯 추모도 그렇다. 언제나 특별한 방식만 남는 것이 추모다. 천 명의 죽음에는 천 가지의 추모가 있을 뿐이다.

구름은 가도 별은 남듯 사람은 가도 죽음은 남는다

구름 한 점 없이 화창한 봄날의 파리, 하늘로 군인들의 낮고 굵어서 더 서글프게 들리는 노랫소리가 끝없이 울려 퍼졌다. 군악대도 이때는 악기 연주를 멈추고 노랫말을 함께 읊조렸다.

"내 가장 아끼는 전우가 내 옆에 쓰러졌네. 그는 입술을 더듬거려 말했지. 고국에 돌아가 내 어머니를 만나거든 어느 날 아프리카의 밤에 내가 떠났다고 전해 달라고, 아들을 용서하시라고. 언젠가 하늘에서 다시 뵐 테니까."

부르키나파소 인질 구출 작전 중 테러리스트들의 총격에 숨진 세드리크 드 피에르퐁(33세) 상사와 알랭 베르통셀로(28세) 상사의 장례식 장면이다. 대통령의 장례식도 아닌 병사의 장례식이 이렇게 성대하고 장중할 수 있다는 게 놀라웠다. 군사박물관이 위치한 앵발리드 중앙 뜰, 센 강변의 파리 중심가에 있는 군사문화시설이다. 나폴레옹의 묘역이 있는 파리의 대표적인 역사적 건축물이다. 마크롱 대통령, 총리와 국방부 장관, 합참의장과 3군 참모총장 등이 도열한 가운데 한 시간 가량 진행된 프랑스의 국장이었다.

신성대 대표(동문선 출판사)는 자신의 소회를 이렇게 밝혔다.

"영웅을 보내는 선진 시민들의 품격, 아무도 징징거리지 않았다. 아무도 가슴에 일본식 검정 추모 리본을 달지 않았다. 아무도 꽃을 꼽지도 들지도 않았다. 단 한 개의 화환도 바치지 않았다. 꽃조차도, 심지어 눈물조차도 소통의 걸림돌이자 가식! 오직 영웅들에 대한 존중심과 무언의 소통, 그리고 침묵 속에 진정한 슬픔만이 있을 뿐!"

마크롱 대통령은 영결식이 시작되자 유족과 일일이 손을 잡고 오랜 시간 위로의 말을 전했다. 추모사를 통해 프랑스 국민들에게 큰 자긍심을 심었다.

　"프랑스는 그들을 잊지 않습니다. 프랑스 국민을 공격하는 자들은 프랑스가 우리의 자식들을 절대로 포기하지 않는다는 것을 알아야 합니다." 그의 한마디는 삼색기로 싸인 두 군인의 관에 직접 '레지옹 도뇌르' 기사장 훈장보다 더 빛나고 있었다. 대통령의 수사학보다 더 뛰어난 것은 아들을 잃은 아버지의 한마디였다.

　"구출된 인질의 행복을 간절히 빕니다."

　어떻게 이럴 수 있을까? 장례식에 프랑스의 가치와 품격이 그대로 배어났다. 크고 큰 슬픔을 인간 존엄성으로 승화시키는 인간 최고의 예술이었다.

추모의 노래

장례식이 모두 끝나자 두 군인의 유해가 담긴 관은 이들이 복무하던 해군 특수부대원들의 운구로 장례식장 밖을 천천히 빠져나가기 시작했다. 그러자 도열해 있던 프랑스 군인들은 장교·부사관·병사 할 것 없이 모두 일제히 낮은 목소리로 반주도 없이 노래를 부르기 시작했다.

전우의 마지막 길을 배웅하며 프랑스 군인들이 부른 이 노래는 아프리카 전장에서 전우를 잃은 병사의 심경을 읊은 '집에서 멀리서(Loin de chez nous)'였다.

숨진 전우를 기리는 유장한 곡조의 이 노래의 가사는 전사한 드 피에르퐁 상사와 베르통첼로 상사의 마지막을 그대로 묘사한 것 같았다.

군악대도 이때는 악기 연주를 멈추고 노랫말을 함께 읊조렸다.

> 내 가장 아끼는 전우가 내 옆에 쓰러졌네.
> 그는 입술을 더듬거려 말했지.
> 고국에 돌아가 내 어머니를 만나거든
> 어느 날 아프리카의 밤에 내가 떠났다고 전해 달라고,
> 아들을 용서하시라고.

언젠가 하늘에서 다시 뵐 테니까

　구름 한 점 없이 화창한 봄날의 파리의 하늘로 군인들의 낮고 굵어서 더 서글프게 들리는 노랫소리가 끝없이 울려 퍼졌다.

추모

9·11 테러 희생자 추모 기념 공원에는 희생자 이름이 빼곡하게 음각된 검은 청동 패널이 있다. 아침마다 생일을 맞은 희생자 이름에는 장미 한 송이가 꽂힌다. 희생자들을 영원히 기억하겠다는 국가의 의지인 동시에 희생자들에 대한 예의를 상징한다. /게티이미지뱅크 #.911

Part 001

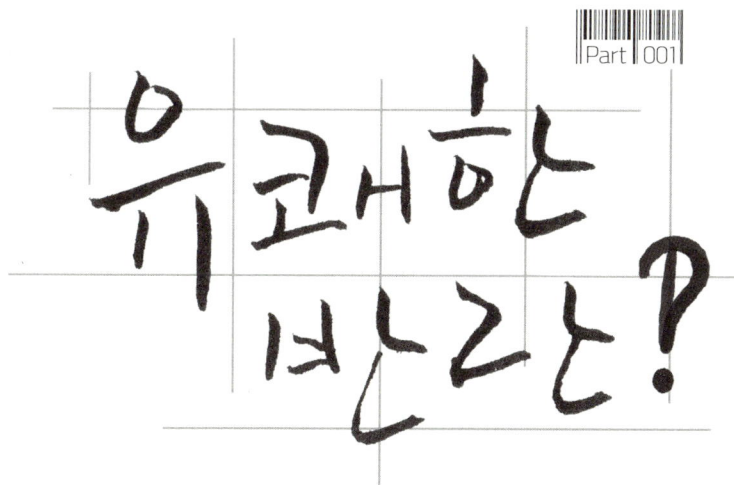
유쾌한 반란?

세상을 떠난 이에게 입히는 옷을 수의라 한다. '수의 수(襚)'를 써서 수의(襚衣)라 해야 옳다. 그런데 굳이 '목숨 수(壽)'를 써서 壽衣(수의)라 하는 이유는 뭘까? 조선시대에는 사람이 죽으면 그 다음 날에야 수의를 재봉하고 관을 제작했다. 살아있을 적에 하면 '재수 없다'고 여겨서다.(지금도 숨이 넘어가고 나서야 장지를 찾는 이유다.) 자연히 장례식은 하루가 길어졌다. 이를 고치기 위한 넛지(nudge, 타인의 선택을 유도하는 부드러운 개입기법)가 있었다. 장수(長壽)를 끌어 들였다.

"부모의 수의(壽衣)를 미리 지어드리면 장수 효자가 된다."

아뿔싸, 여기에 윤달 마케팅이 끼어들었다. 윤달에 수의를 준비하면 장수한다고 해서 장의업자들의 배불리는 수단으로 작동하게 되었다. 무속신앙이 그 틈을 비집고 들어섰다. 번식을 넘어선 번성이었다.

영정사진도 미리 준비하는 법이 없다. 당일이 되서야 허겁지겁한다. 부산을 떤다. 황망한 가운데 차를 몬다. 부주의로 사고를 낸다. 그러다가 진짜 재수(?) 없는 줄초상을 당하기도 한다. 영정(影幀)은 달마 선사나 선종 승려들의 초상을 의미하는 말이었다. 후에 '사람의 얼굴 모습을 묘사한 그림' '옛 사람의 초상화'를 칭하게 되었다. 영정이 사진기술과 결합되면서 영정사진이 되었다. 제사나 장례를 지낼 때 위패 대신 상에 올려놓는 용도로 쓰였다.

서양에서는 사진으로 고인의 얼굴을 확인하지 않고 직접 눈으로 확인한다. 뷰잉(Viewing: 고인 접견)이라 하다. 그렇다면 영정사진의 검은 띠는 무엇인가? 혼백(魂魄)을 대체한다는 의미다. 죽음의 상징이다. 누군가에게 '너, 죽고 싶냐?'고 겁박할 때 '네 사진에다가 검은 줄 걸치고 싶냐?'고 한다.

대한민국은 12명의 대통령을 맞이했다. 생존해 계시는 분이 5명이고 떠난 분들이 7명이다. 이들의 장례식 장면을 추적했다. 초대 이승만 대통령부터 노무현 대통령까지 영정사진에는 어떤 형태로든지 검은 띠(喪章)를 두르고 있다. 이승만 대통령은 운구차에 넉 줄의 검은 띠로 국가원수의 격(?)을 높였다. 국가장(國家葬)만이 아니었다. 서울특별시장(市葬)의 박원순 시장도 삼성총수 이건희 회장의 가족장에도 예외 없이 등장했다.

이번에는 해외 사례를 살폈다. 어느 나라도 없었다. 근엄한 사진에 상장(喪章)을 두른 것은 한국만의 독특한 방식이었다. 한자권의 중국도 일본도 없었다. 일본인은 왜 그것을 달아야 하느냐고 되물었다.

정말 왜 그랬던 것일까?

일본 귀신은 다리가 없다. 누군가가 다리 없는 귀신을 그려냈기 때문이다. 한국 귀신은 산발이다. 역시 누군가 머리를 풀어 헤친 귀신을 그려낸 게 사람들의 뇌리에 각인되어서다. 한 번 기억된 것은 지워지기 어렵다. 이를 각인효과(imprinting effect)라 한다. 세계적인 기업이라 불리는 삼성도 영정띠를 뛰어넘지 못했다. 그만큼 장례는 낙후되어 있고 깜깜이라는 반증이다.

한자어를 보라. 죄수(罪囚)의 수(囚)는 '죄인 수', '가둘 수'다. 시신의 결박까지도 모자라 영정까지 검은 띠로 가둔다. 또 한 번 죄인이 된다. 두 번의 죽음이 아닌가? 대체 무슨 죄를 얼마나 크게 지었길래 저리도 모질게 다루어야 할까? 이 사실을 알면 이제 검은 띠는 사라질 것인가?

팔뚝의 볼썽사나운 완장에 이어 '사진의 완장'을 거두자. 죽음을 맞이한 이들을 '자유로운 영혼'으로 돌려보내자. 죽음에 대한 유쾌한 반란은 이런 작은 일에서 시작된다.

질문은 계속된다. 사진은 꼭 한 장만이어야 하는가? 결혼식처럼 이젤에다 고인을 추억할 수 있는 베스트 파이브 인생 샷으로 설치할 수 없을까? 장례는 꼭 슬프기만 해야 하는 것일까? 왜 장례 코칭은 없는 것일까?

이런 질문이 장례 회복을 위한 '유쾌한 반란'이 된다. 다큐멘터리 감독 이길보라는 '예술가란 어떤 존재'냐는 질문에 답한다.

"질문하는 사람. 지금 굴러가는 정상성이 정말 맞는 건지, 질문하는 사람."

장례는 다양한 질문을 품고 있다. 장례는 늘 질문을 받는다. 왜 염습을 하는가? 꼭 수의를 입혀 드려야 하는가? 꼭 국화꽃이어야만 하는가? 왜 완장을 차야 하는가? 스드메(스튜디오+드레스+메이크업의 줄임말)가 웨딩에만 필요한 것인가? 죽음은 슬픔만인가? 그때 죽음은 예술이 된다.

> "삶의 예술은 죽음을 위한 예술이고
> 죽음의 예술은 삶의 예술만큼 중요하다.
> 죽음의 예술은 삶의 예술을 보완해 주고 완성시켜준다.
> 삶의 예술의 결정판이 곧 죽음의 예술이다.
> 한 인간의 미래는 어떤 방식으로 죽음을 맞이하는가에 달려 있다."
>
> ─『티벳 사자의 서』평론에서

이제는 내가 내게 물어야 한다.
"나의 장례는 어떻게 할 작정인가?"

메멘토 모리
발기문(發起文)

1

-
-

인생 최고의 스승은 죽음이다. 하지만 죽음은 우리에게서 멀어진 지 오래다. 코로나(Covid-19)는 일상 속에 죽음을 각인시키고 있다. 삶과 죽음이 한 묶음이란 것이다. 삶의 자리에서 죽음을 바라보면 한없이 슬프다. 죽음의 자리에서 삶을 들여다보면 삶은 참으로 아름답다.

죽음을 기억하라는 '메멘토 모리(Memento Mori)'는 인생의 나침반이다. 아름다운 삶을 가꾸는 촉매제가 된다.

초기 기독인은 '나그네'로 불렸다(벧전 1:1, 17; 2:11). 나그네는 오늘을 살지만 오늘에 머물지 않는다. 영원(본향)을 사모한다. 죽음에 겁먹지 않는다. 지구별 소풍을 끝내고 자신의 집으로 돌아갈 것을 알아서다.

죽음이 바르게 회복되는 자리에 인간 존엄과 품위가 있다. 그때 삶은 예술이 된다. 메멘토모리 기독시민연대는 기독교 상·장례 모델을 찾아낸다. 죽음 교육을 통해 죽음 지수를 높인다. 당하는 죽음이 아닌 맞이하는 죽음으로 안내하는 지팡이가 된다. 죽음의 사회·생태 환경을 일구는 일에 활동 목표를 둔다.

홀로 선 나무는 숲을 이루지 못한다. 한 개의 실로는 천을 짜지 못한다. 이 아름다운 일에 우리 모두 함께하자.

하나님은 성도의 죽음을 귀중히 보신다. (시 116:15).

2020년 10월 10일

메멘토모리 기독시민연대

발대식에 앞서 하트를 그리다. 뒷줄: 강승조, 이영렬, 김향숙, 송길원, 정은상. 앞줄: 박인만, 박범룡

정택영 화백 作

해설

모래시계는 삶과 죽음에 대한 은유다. 모래시계를 감싸 안은 두 손은 연약한 인생을 향한 주의 사랑이다. 우리를 늘 '푸른 초장에 누이시고 쉴만한 물가로 인도하시는'(시편 23:2) 주의 사랑을 청록(靑綠)의 색상으로 담아냈다.

주님이 내게 속삭인다.

'Memento Mori'(죽음을 기억하라)

나그네 인생을 위한 삶의 나침반이다.

천년의 장례문화를 바꿀
결정적 계기

2

•
•

다음 내용은 《메멘토모리 기독시민연대》 발족식에서 장세규 목사가 전한 축하의 메시지다. 장 목사는 한몸교회 담임목사를 지냈으며 HEPA(Higher Education Partnerships of America)의 대표로 있다. 이날 그가 전한 메시지는 시민연대의 나아갈 방향에 대한 나침반이었다.

여러분 모두 반갑습니다.

특별히 '메멘토모리' 운동을 시작한 하이패밀리와 또 함께 동참하신 동역자들 그리고 이제 시민운동으로 한 단계 업그레이드 하여 오늘의 자리를 마련한 모든 분들의 노고에 또 감사드리고 박수를 올려드립니다.

장례문화가 바뀌는 일은 교회가 바뀌는 것만으로 충분하지 않습니다. 한국의 기독교는 전 인구의 1/5밖에 되지 않습니다. 기독교의 장례문화를 절반을 바꾼다고 해도

10%밖에 안 바뀌는 겁니다. 한국 내에서 80%에 해당되는 나머지 사회가 바뀌지 않으면 안 됩니다.

따라서 이것은 교회 내의 운동이 아니라 교회를 기초로 해서 사회 전체를 바꾸는 사업과 국가와 사회운동과 법과 또 의료법 등 모든 것이 함께 어우러져야 가능한 일입니다. 화장의 변화가 그렇습니다.

1998년 故 최종현 회장이 돌아가시면서 장례를 하게 되었고 또 당시에 삼성 또 LG 등에서 적극적으로 화장 문화에 힘을 실어주면서 천년에 가까운 대한민국에 장례문화가 순식간에 불붙게 되었습니다. 이런 점에서 하이패밀리가 앞으로 천년의 우리 민족의 장례문화를 바꿀 수 있는 아주 중요한 계기가 지금이고 연대의 발족은 이런 점에서 너무도 적절한 자기 포지셔닝이라고 여깁니다.

저는 미국에서 38년 동안 살고, 20년 넘게 목회를 하면서 수백 건의 장례의 직접 또 간접적으로 참여 했습니다. 미국에 국제 구호 단체들과 어울려서 수십 개 나라를 방문하면서 그곳에서 결혼식과 장례식을 참여하곤 했습니다. 특별히 장례식은 그 나라에 또 가장 오래된 전통, 특별히 수백 년대 종교 전통을 담고 있는 문화입니다. 그런 점에서 대한민국의 장례도 사실은 지난 천년 이천년 동안 내려왔던 종교의 가치관과 종교문화를 반영하고 있다고 생각 합니다. 한국 사람들은 사람이 죽으면 '돌아가셨다.'고 말합니다. 우리는 기독교인으로서 그 말을 듣고 '아! 하늘나라 갔다.'라고 이야기 하지만 사실 이것은 천년 거슬러 올라가 신라시대에 불교가 자리 잡으면서 윤회사상이 반영된 언어입니다.

따라서 장례문화가 바뀌기 위해서는 절대적으로 종교에 기반을 둔 운동이 필요합니다. 이 운동에서 기독교가 나서지 않으면 우리는 앞으로 천년 동안 종교의 영향력을 잃게 될 것입니다. 특별히 이런 점에서 하이패밀리가 앞장서서 교회 문화를 바꿀 뿐만 아니라 전 인구의 80%에 해당되는 우리 대한민국의 나머지 문화를 바꾸는 아주 적극적인, 가장 효율적인, 가장 효과적인 운동을 펼쳐 갈 것이라고 믿습니다. 다시 한 번 축하드리고 감사드립니다.

줌으로 진행되는 행사 진행 장면

이날 현장 참여 20여 명, 줌과 페북으로 150여 명 이상이 참여했다. 메멘토 모리를 외치는 SD(Social Designer)들. 좌로부터 정은상, 송길원, 박인만, 강승조.

메멘토모리 출범식의 첫 기도

 하늘에 계신 우리 아버지!

코로나-19는 우리에게 많은 것을 깨우치고 가르쳐 주었습니다. 무엇보다 죽음에 대해 눈 뜨게 해주셔서 감사합니다. 죽음에 준비된 사람만이 살아 있는 자라 할 수 있습니다. 우리 모두는 살아있는 자로 남고 싶습니다.

성도의 죽음을 귀중히 보신다고 하신 하나님 아버지,

오늘 우리는 《메멘토모리 기독시민연대》를 출범시키며 한국사회의 오랜 병폐를 타파하고 새로운 혁신의 길을 걷고자 합니다. 유교, 불교, 무속신앙으로 짬뽕이 되어 있는 상·장례를 극복하여 교회의 본질을 회복하고 싶습니다. 죽음 지수를 높여 행복한 사람, 행복한 가정, 행복한 나라를 가꾸고 싶습니다.

죽음의 환경과 생태계를 바꾸는 일에 모든 크리스천이 사회혁신가가 되기를 소망합니다. 한 번도 가보지 않은 길이기에 두려움도 있습니다. 성령 하나님, 저희와 동행해 주시고 감당케 하옵소서.

교회를 위해 기도합니다. 교회가 더 이상 죽음을 이방인들의 손에 넘겨주고 저들에게 끌려다니지 않게 해 주소서. 부활과 생명의 복음을 전하는 교회되게 해 주소서. 주님이 나사로의 죽음 앞에서 일으킨 '유쾌한 반란'을 저희도 시작해 보려 합니다. 우리의 고민들이 풀리게 하시고 답을 찾아내게 하소서. 종교개혁의 달에 이 아름다운 운동을 출발하게 해 주셔서 감사합니다. 이 작은 불씨가 사회 개혁으로 불타오르게 해 주소서. 변화된 세상을 보고 싶습니다.

나사로의 죽음 앞에서 '너희가 영광을 보리라.' 하셨던 주님,

이 모든 일로 주님 홀로 영광을 받으소서. 지금 이 시간에 온 지구촌의 형제·자매들이 줌(Zoom)으로 접속하여 나누는 이야기와 축하 메시지를 받으시고 기쁨 넘치고 용기 있는 첫 출발이 되게 해 주소서.

우리 주 예수 그리스도 이름으로 기도 하옵니다. 아멘.

엔딩 플래너
시대가 열리다

3

-
-

　　사람은 죽음을 향해 살아간다. 언제 다가올지 모르는 죽음을 향해. 그렇다면 왜 사람은 태어나는 것이며, 무엇을 위해 사는 것일까? 죽은 사람의 목소리는 더 이상 들을 수 없다. 그 체온도 느낄 수 없다. 하지만 마음속으로 이야기를 걸 수 있다. 사랑받고 사랑했던 기억이 있어서다. 사람은 사랑을 알기 위해서 태어나고 사랑을 남기기 위해서 산다. 남겨진 사랑이 영원히 영원으로 이어진다.

―드라마,《최고의 인생을 마감하는 방법, 엔딩 플래너》

　　엔딩 플래너는 사랑으로의 탄생을 돕는 산파(産婆)다. 장례에 대한 다양한 정보와 편의의 제공만이 아니다. 누군가의 떠남을 주관하고 남겨진 이들의 슬픔을 함께 한다.

　　엔딩 플래너는 정겨운 길벗이자 상담자가 된다. 때로 인생 코치가 되어 최고의 인생을 살도록 돕는다.

엔딩 플래너는 이 세상에서 가장 아름다운 마지막 사랑 이야기를 지켜보는 특권을 누린다. 가장 감동적인 장면의 유일한 관객이 된다.

엔딩 플래너는 '당하는 죽음을 맞이하는 죽음으로' 돕는 설계사다. 때로 버킷 리스트를 따라 '마지막 꿈'과 '소원 들어주기' 프로젝트를 수행한다.

엔딩 플래너는 고인과 남은 유가족을 사랑의 기억으로 묶어준다. 배철현 교수는 이렇게 말한다.

"기억(記憶)은 자신이 사랑하는 사람에 대한 최고의 예의다. 기억을 통해 그 대상이 부활하기 때문이다."

결혼에 웨딩 플래너가 필요하듯 장례에도 엔딩 플래너가 필요하다.

하이패밀리는 가정사역 MBA과정을 통해 엔딩 플래너를 배출한다.

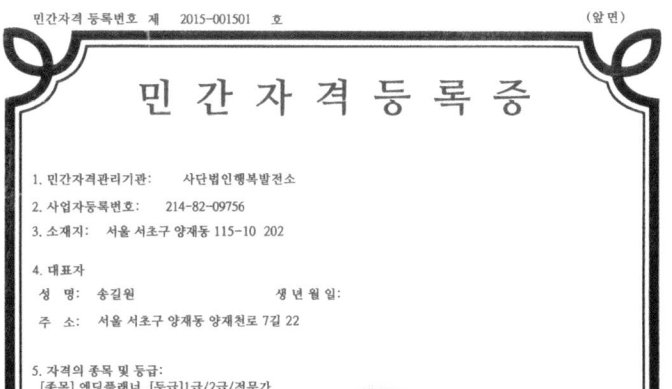

종활,
삶의 지혜로 다가오다

4

두 분을 모시고 보낸 반나절

일본에서는 구직(취업) 활동을 '취활', 결혼 활동을 '혼활'로 부른다. 우리나라 같으면 '취박(취업박람회)' '결팅(결혼 미팅)'에 해당된다. 일본에는 취활, 혼활만이 아닌 종활도 있다. '종활'은 상속, 장례, 묘지, 인생 막바지의 의료 등 죽음을 준비하는 임종 활동을 뜻한다. 2009년 「아사히신문」에서 처음으로 썼다. 고령화 사회의 풍경이다. 현재 일본은 65세 이상 고령자 비율이 27.7%를 차지한다. 노인국가의 대명사다. 신생아 수는 곤두박질쳤다. 여기다 일본인 고유의 폐 끼치지 않아야 한다는 의식이 깔려 있다. 덕분에 종활 관련 비즈니스가 특수를 누린다.

한국은 어떨까? 우리는 당해야 그때… 허겁지겁 부산을 떤다. 장례식장에 고인은 온데간데없고 상술(商術)만 춤을

춘다. 판박이 장례를 치른다.

　나는 어제 아버지·어머니를 모시고 '종활'을 떠났다. 하이패밀리 뒷마당에 설치된 안치실 참관부터 시작되었다. 종이 관과 관보를 열어보였다. 궁금한지 손으로 직접 어루만져 보시고 쓰다듬기까지 했다. 무엇보다 시체실이 아닌 호텔에 하룻밤 묵는다는 것을 좋아라 하셨다. 지난 5월, 부산에서 젊은 장례지도사가 장례식장 안치실에 몰래 들어가 시신 3구에서 금니 10개를 뽑았다가 적발된 엽기행각이 있었다. 아버지더러 '아버지는 금니가 많아 주 표적 대상'이라 아주 위험하지만 여기는 안전하다고 했더니 빙그레 웃으신다.

　어머니의 결론은 매우 간단했다.

　"죽고 나면 뭘 알간디. 뻘짓들 그만해야지."

　장례의 폐습들을 누구보다 잘 알고 계셔서 하신 말씀이다. 일찍이 손수 수의(壽衣)를 장만하신 어머니는 250만 원이나 한다는 수의의 원가가 1~2만 원 정도라는 것도 아신다.

　내 아버지와 어머니가 가장 듣고 싶어 하는 것이 있다. 죽음 이야기다. 죽음이 좋아서가 아니다. 관심사여서 그렇다.

　이렇듯 종활은 생활 속 가까이 있었다.

죽음을 살려놓을 내 인생의 5분

『잘해봐야 시체가 되겠지만』의 저자 케이틀린 도티(Caitlin Doughty)는 말한다.

"엄마는 어린 시절의 당신을 돌봤어요. 똥오줌을 닦아주고 깨끗하게 목욕 시켜 주셨죠. 엄마가 돌아가시면 이번엔 당신이 엄마를 닦아주고 씻어줄 수 있어요."

그녀의 말은 이렇게 이어진다.

"저는 유족들이 고인의 몸을 단장하는 과정에 참여해보길 권합니다. 고인의 몸을 함께 준비하고 조문객을 맞이하면, 죽음이 삶의 한가운데 있다는 걸 더 생생하게 느낄 수 있어요."

그가 생각하는 애도란 이렇다. '시체를 바라보면서 그 사람이 떠났으며 이제 더는 삶이라는 경기에서 활동하는 선수가 아님을 안다. 시체를 바라보면서 자신을 보고 자기 자신도 언젠가 죽을 것임을 안다. 눈으로 보는 것은 스스로 알아차림을 보는 것이고, 그것이 지혜의 시작이다.'

죽음을 어떻게 인식하느냐가 곧 행복지수가 된다. 다양한 죽음 교육이 삶의 질을 높인다. 독일의 경우 청소년들을 종교나 윤리학 강의를 통해 죽음을 가르친다. 해당되는 죽음 교재가 20종이 넘는다고 한다. 가까운 일본만 해도 초·

메멘토 모리 스쿨 : 죽음에 대한 유쾌한 반란

해피엔딩으로의 초대
invitation to happy ending

"여호와께서 성도의 죽음을 귀중히 보시는도다."
(시 116:15)

죽음과 장례는 다양한 질문을 품고 있습니다.
생애 가장 아름다운 마무리는 무엇인가?
왜 염습을 하는가? 꼭 수의를 입혀 드려야 하는가?
꼭 국화꽃이어야만 하는가?
꼭 병원장례식만인가? 가족장은?
죽음은 슬픔만인가? 장례비용은 대체 얼마가 드는가?
......
속 시원한 답을 찾아가 봅니다.

내용
1. 당하는 죽음이 아니라 맞이하는 죽음
2. 임종 너머 (John 11:3)
3. 장례의 품격, 존엄한 마무리
4. 묻고 답하고
   (인생 '끄트머리'에서 쓰는 'Anding' Story)
5. 수목장 돌아보기 등

강사
송길원 목사 (하이패밀리 대표, 국제싸나톨로지스트)

※ 진행 맞춤형(가족 단위, 교회, 단체, 모임)으로 설계되며 사전 등록으로 진행됩니다.
※ 접수처 031-772-3223, 010-5065-5604

중·고교 교사를 대상으로 매년 죽음학 세미나를 정기적으로 실시한다. 최근 우리나라도 교사들을 위한 죽음 교육으로 《삶의 소중함을 죽음에게 물어보다》는 원격강좌가 개설되었다.

대한민국의 죽음의 질 지수는 OECD국가 중 32위다. 최하위다. 자살률은 1위다. 하루 평균 37.5명이 스스로 목숨을 끊는다. 1년에 1만 3,670명이 자살한다. 사망 원인 5위다. 아직도 죽음 교육이 모자란다는 증거다.

호텔 막벨라의 부속 건물(별실)을 죽음 교육의 장소로 꾸며냈다. 방은 제법 크고 아름답다. 폐쇄공포증도 막을 수 있다. 언제라도 와서 죽음을 묵상해 볼 수 있는 최적의 교육 환경이다. 영어에 "Take five minutes"('5분 만 쉬자', 혹은 '잠깐 쉬자'는 뜻)가 있다. 줄여서 "Take five"라 한다. 5분짜리 모래시계와 함께 별실로 들어선다. 잠시 눈을 감았다 뜬다. 천정의 글이 마음을 사로잡는다.

"나, 어제 너와 같았으나 너, 내일 나와 같으리라." 라틴어 'Hodie Mich Cras Tibi'의 풀이다. 많은 생각이 스쳐지나간다. 옆으로 눈길을 돌린다. 이번에는 또 다른 아포리즘이 있다.

"죽음은 '깨어날 수 없는 잠(永眠)'이고 잠은 '깨어날 수 있는 죽음(熟眠)'이다."

떠나가는 출입구에 내 삶을 응원하는 격문이 있다.

"영원히 살 것처럼 꿈꾸고 내일 떠난 것처럼 사랑하라."

또 있다. 수목장의 비채묵상 길이다. 묘역이야말로 스스로를 성찰하기에 최적의 환경과 조건을 갖추고 있다. 죽음 학습장인 셈이다. 백만기의 《은퇴생활백서》에 이런 충고가 있다.

"이슬람 수피 족은 병이 났을 때 먼저 의사에게 가기보다 그 병을 앓았다가 나은 사람을 찾아간다. 더 현실적인 처방을 얻을 수 있다는 생각에서다.

　여행이 그렇다. 지도나 안내책자보다 그곳을 다녀온 사람의 정보가 더 정확하다. 인생길이 그렇다. 세상을 하직한 사람에게 조언을 구하는 방법도 있다. 그들의 유언이나 묘비명을 통해서다. 죽은 자는 말이 없다. 하지만 그들이 생전에 염원하며 몸부림쳤던 자취는 묘비명으로 남아 말을 걸어온다. 망자의 회한과 깨달음을 통해 어느 가르침보다 더 많은 것을 배울 수 있다."

　이때문일까? 뉴질랜드에서는 직접 관을 제작하기도 한다. 노인들이 차 마시는 시간에 함께 모여서 작업을 한다. 교제하면서 전통 장례에 대해서도 이야기를 나눈다. 자연스레 생활 상담으로 이어지기도 한다. 죽음에 겁먹지 않을 마음의 무장을 하게 된다. 이 모든 것이 죽음의 질을 결정한다.

　이제 우리도 학교 교육이나 교회 교육 나아가 생활 교육의 한복판으로 죽음 교육을 끌어들여야 한다.

　"죽음에 자연스럽게 노출될 때 우리는 죽음이 모두의 '삶'이라는 진실을 알게 된다. 그 앎이 우리를 고통에서 구원한다."

　케이틀린의 인터뷰 기사에 있는 한 줄의 경구다.

장례문화에 관한 인식조사 분석

조사 개요

- **조사대상** 전국 거주 크리스천 및 가족 성인남녀 1259명
- **조사기간** 2020년 12월 7일 – 12월 21일
- **조사방법** 자기 기입식 온라인 설문(구글폼 사용)
- **표본추출** 단순무작위표본추출
- **주관** 하이패밀리, 메멘토모리 기독시민연대

1. 현행장례 개선의 필요

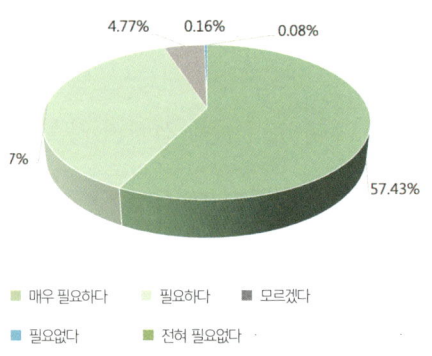

- 매우 필요하다: 57.43%
- 필요하다: (중간)
- 모르겠다: 7%
- 필요없다: 4.77%
- 전혀 필요없다: 0.16%
- (0.08%)

현행 장례에서 개선해야 할 점

- 과도한 장례비용: 34.6%
- 의미도 모른 채 끌려가는 장례절차: 29.2%
- 허례허식: 21.0%
- 상·장례 관련 업계의 부조리와 횡포: 9.5%
- 부담스러운 조의금: 2.3%
- 유산 및 장례수익 갈등: 2.0%
- 기타: 1.5%

장례를 개선하지 못하는 이유

- 기타: 1.5%
- 가족들의 체면: 8.5%
- 가족 간 의견차이: 17.5%
- 경험해 보지 못해서: 19.6%
- 관행에 끌려서: 52.9%

2. 본인 장례 준비

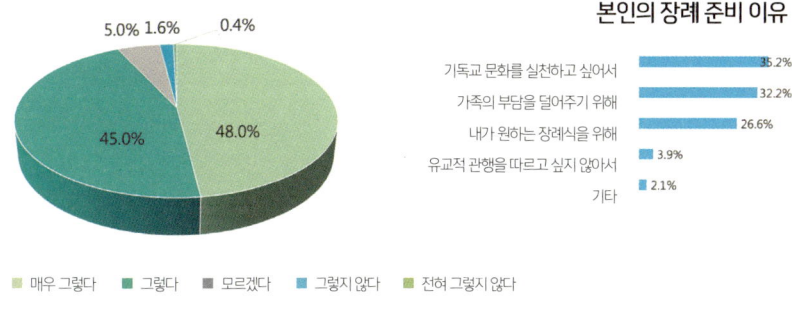

3. 장지 준비

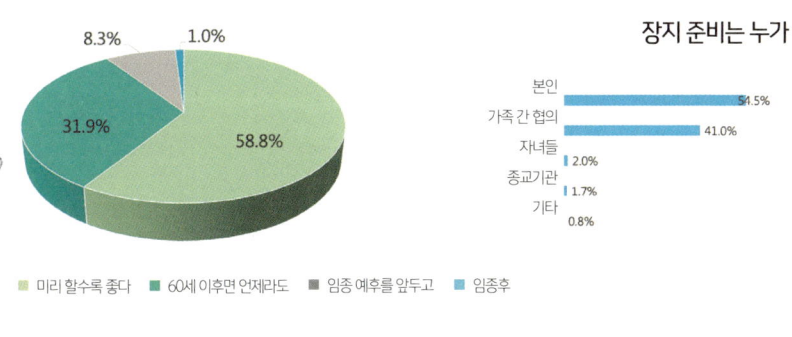

4. 현행 장례의 부담

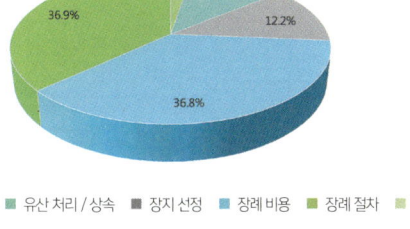

5. 작은 장례 필요

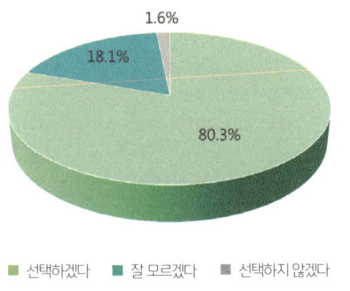

- 선택하겠다
- 잘 모르겠다
- 선택하지 않겠다

작은 장례가 필요한 이유

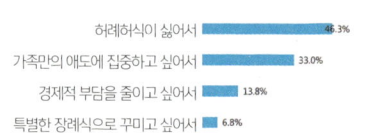

- 허례허식이 싫어서 46.3%
- 가족만의 애도에 집중하고 싶어서 33.0%
- 경제적 부담을 줄이고 싶어서 13.8%
- 특별한 장례식으로 꾸미고 싶어서 6.8%

6. 임종 휴가

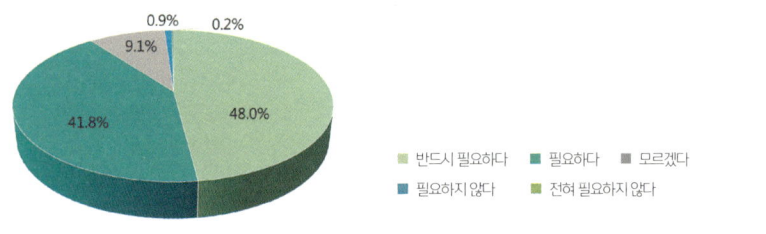

- 반드시 필요하다
- 필요하다
- 모르겠다
- 필요하지 않다
- 전혀 필요하지 않다

7. 엔딩 플래너 필요

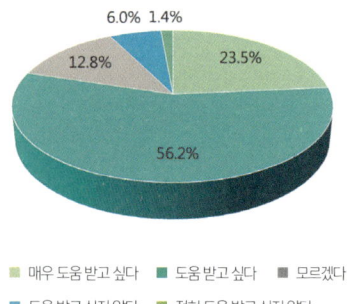

- 매우 도움 받고 싶다
- 도움 받고 싶다
- 모르겠다
- 도움 받고 싶지 않다
- 전혀 도움 받고 싶지 않다

도움이 필요한 부분

- 죽음 설계 41.8%
- 장례 절차 22.5%
- 호스피스 등 의료 관련 19.1%
- 장례 후 정리 11.0%
- 유산 상속 등 법적 문제 3.4%
- 애도 2.1%

끄트머리에서 쓰는 머리말

좋은 위기를
낭비하지 말라

한국 교회에는 두 가지 사건이 있다.

하나는 교회 종소리가 소음으로 인식되면서 혐오와 배척의 대상이 된 때다. 교회는 그 아름다운 소리를 잃었다. 아파트에서 개를 키우겠다고 성대 수술을 한 반려견 꼴이다. 또 하나는 교회의 전유물과 같은 장례식을 병원으로 넘겨준 사건이다. 죽음은 교회의 몫이었다. 당연히 장례는 교회 중심이었다. 그런데 아파트 문화가 들어오면서 교회 스스로 장례를 포기했다. 그 장엄함과 함께 미래에 대한 소망으로 넘쳐나야 할 아름다운 가치를 내던졌다. 삶과 죽음의 권세를 가지신 그리스도를 이야기할 기회를 놓쳤다. 교회의 가장 큰 직무방기다. 죽음이 가벼워졌다. 마치 삼손이 머리가 밀린 것처럼 힘을 잃어버린다.

조성택(고려대 철학과) 교수의 지적은 통렬하다.

"죽음이 존재하는 사회 그것이 온전한 사회이며, 죽음과 함께 하는 삶이 온전한 삶이라 할 수 있다. 근대 이전의 사회에서는 종교가 바로 이러한 역할을 담당했다. 그러나 오늘날 한국사회에서 종교의 이러한 전통적 역할은 급속한 산업화의 과정에서 바람같이 사라졌다. 오늘날 한국 교회, 성당, 사찰 어디에도 '죽음'을 위한 공간은 없다. '죽음'은 살아있는 자의 명예와 복을 위한 비즈니스일 뿐이다. 종교가 오로지 '살아있는 자의 욕망'으로서만 존재하는 오늘날 한국사회에서 죽음을 삶의 일부로 복권시키고자 하는 역할은 더없이 소중하다. 죽음을 온전한 삶의 일부로 돌려놓는 것, 그것은 곧 인간 회복의 길이기 때문이다."

종교개혁의 배경은 봉건제도의 붕괴와 신대륙의 발견

으로 찾아온 세계관의 변화가 아니었다. 더더구나 성직자의 타락과 권위를 잃은 교회도 아니었다. 그 뿌리는 오히려 중세를 송두리째 삼킨 흑사병에 있었다. 흑사병이 덮친 도시의 끔찍한 모습을 중세 피렌체의 한 작가는 이렇게 묘사했다.

"간밤에 죽은 사람들을 구덩이에 던져 넣고 흙을 끼얹었다. 그 위에 다른 시체들을 쌓고 그 위에 흙, 그 위에 다시 시체…. 여러 겹의 치즈와 파스타로 라자냐를 만드는 것 같았다."

바로 죽음이었다. 죽음(흑사병)이 르네상스를 탄생시킨 모태가 된다. 죽음 앞에서 사람들은 비로소 왜 살아야 하는지를 알게 되었다. 1000년 동안 무소불위의 권위를 가졌던 교회는 겸손해졌다. 사랑이 살아났다. 중세 종교개혁사를 전공한 김동주 교수는 '중세는 성자 그레고리의 사랑에서 시작되고 종교개혁은 루터의 선행에서 싹을 틔웠다.'고 지적한다. 루터를 비텐베르크 성 교회 정문에 95개조의 의견서를 붙인 사제로만 이해하면 안 된다. 1526년 흑사병이 비텐베르크까지 다가온다. 루터는 자신의 집을 구호소로 내놓는다. 아내와 함께 환자들을 돌본다. 그는 성직자들에게 병자들 곁을 지킬 것을 충고한다.

영국의 대문호 윌리엄 셰익스피어(William Shakespeare, 1564~1616)는 평생을 흑사병과 싸운다. 그의 나이 28세였던

1592년부터 2년간 흑사병이 창궐했다. 런던의 극장들은 모조리 폐쇄되었다. 조연급 배우였던 셰익스피어는 설 무대가 없었다. 글을 쓰기 시작한다. 셰익스피어의 명작(名作)들은 이렇게 세상에 나오게 된다.

흑사병은 모든 삶을 재구성한다. 어떤 군대도 할 수 없던 개혁을 일으킨다. 사회도 정치도 문화도 혁명의 대상이 된다. 그렇게 해서 탄생한 것이 르네상스다. 코로나19는 바로 현대판 흑사병이다. 코로나가 애써 외면하던 죽음을 가까이 가져다준다. 죽었던 죽음을 살려내고 있다.

'죽음의 탄생'이다.

끄트머리, 끝의 머리 시작점에서 하고 싶은 말이 있다.

유대인들이 나라를 잃은 것은 기원전 6세기였다. 1948년 독립할 때까지 거의 2500년이 흘렀다. 멸종해야 할 민족이다. 그런데도 살아남았다. 세계 최고의 불가사의다. 유대인들 만인가? 코로나 사피엔스(Corona sapiens)가 된 호모 사피엔스는 슬기로 살아남아야 한다. 분명 살아남을 것이다.

살아남기 위해서는 변화되어야 한다. 아니 기회를 붙잡아야 한다.

윈스턴 처칠의 말이 절절해지는 이유다.

"좋은 위기를 낭비하지 말라."(Never waste a good crisis)

후기

1. 역사성을 담고 현장감이 있는 기사는 원문 그대로 옮겼다. 일일이 허락을 구하지 못한 경우도 있다. 저작권 관련 조치를 따르며 수정할 예정이다.
2. 인용으로 긴 글이나 시(詩) 역시 여러 채널로 허락을 받았다. 빠진 경우에도 같은 방법으로 필요한 조치를 취할 예정이다.
3. 사진 자료는 이미 공개된 사진은 그대로 썼다. 나머지는 포트샵 처리를 했다. 글이나 사진은 어떤 정치적 성향이나 취향 없이 장례문화 개선과 품격 향상을 위한 용도로만 사용된 것임을 밝힌다.

죽음의 탄생
장례 혁명을 꿈꾸다

초판 1쇄 발행 2021년 1월 15일
초판 1쇄 인쇄 2021년 1월 25일

지은이	송길원
펴낸이	송길원
편집	정창진
사진	이영렬
마케팅	알쓸신세
북디자인	디자인홍시

펴낸곳	하이패밀리
제작처	도서출판 해피홈 031-772-3223
총판	(주)사랑플러스 02-3489-4380

등록	2001년 11월 28일 제 2001-000291호
주소	경기도 양평군 서종면 잠실2길 35-55
전화	031-772-3223(대)
팩스	031-772-4990
이메일	help@hifamily.org
홈페이지	www.hifamily.org
ISBN	978-89-91662-26-1 03200

값은 뒤표지에 있습니다.
잘못된 책은 바꿔드립니다.

이 도서의 국립중앙도서관 출판시도서목록(CIP)은 서지정보유통지원시스템 홈페이지(http://seoji.nl.go.kr)와 국가자료공동목록시스템(http://www.nl.go.kr/kolisnet)에서 이용하실 수 있습니다. (CiP제어번호 : CIP2020055192)

Anding

끝나지 않은…